OEUVRES
DE FLORIAN
THÉÂTRE.

DE L'IMPRIMERIE STÉRÉOTYPE DE MAME,
RUE DU POT-DE-FER; n° 14.

Théâtre. Tom. II.

THÉÂTRE DE FLORIAN.

C'est là tout mon talent; je ne sais s'il suffit.
LA FONT. V, 1.

TOME SECOND.

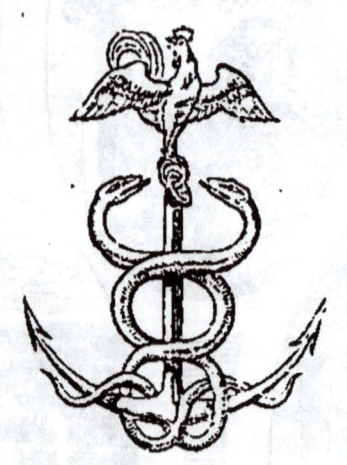

PARIS,
CHEZ ANT. AUG. RENOUARD,
rue Saint-André-des-Arcs, n°. 55.
M. DCCC. XII.

AVANT-PROPOS.

Après avoir tracé une faible esquisse du BON MÉNAGE et du BON PÈRE, j'ai été encouragé par plusieurs amis à peindre la BONNE MÈRE et LE BON FILS. On m'a même flatté que ces tableaux pouvaient être de quelque utilité; et cette raison sans réplique m'a fait rentrer dans une carrière que j'avais abandonnée. Par des motifs particuliers, ces pièces n'ont point été jouées; je les ajoute à celles que j'ai déjà fait imprimer, précédées, ainsi que les premières, de quelques réflexions (1).

---

(1) Ces réflexions n'étant autre chose que la copie très littérale d'une partie de l'avant-propos du premier volume, c'eût été un double emploi fort inutile de les répéter encore ici.

LA BONNE MÈRE,

COMÉDIE

EN UN ACTE ET EN PROSE,

Représentée sur un théâtre de société, le 2 février 1785.

PERSONNAGES.

MATHURINE, fermière du pays de Caux.
LUCETTE, fille de Mathurine.
ARLEQUIN, paysan du village.
DUVAL, neveu du bailli.
LE TABELLION.
UN VALET DE FERME, joué par un enfant.

La scène est au royaume d'Yvetot, dans le pays de Caux.

A S. A. S.

MADAME LA DUCHESSE

D'ORLÉANS.

J'avais juré cent fois d'abandonner Thalie :
    Et je vous offre en ce moment
    Une nouvelle comédie,
A vous qui n'oubliez jamais votre serment !
Mais c'est la bonne mère ; acceptez-en l'hommage.
    En voyant ce titre si doux,
On vous soupçonnera d'avoir part à l'ouvrage ;
Et vos enfans surtout croiront qu'il est de vous,

LA BONNE MÈRE,

COMÉDIE.

SCENE I.

ARLEQUIN, MATHURINE.

ARLEQUIN.

Allez, madame Mathurine, j'ai bien du chagrin.

MATHURINE.

Je n'en doute pas, mon pauvre ami.

ARLEQUIN.

Je ne m'y serais jamais attendu de la part de mademoiselle Lucette. Après la promesse qu'elle m'avait faite de m'aimer toujours, après la permission que vous lui en aviez donnée, comment est-il possible qu'une fille élevée par vous, qu'une fille qui est votre fille, soit une perfide et une changeuse !

MATHURINE.

Mais es-tu bien sûr que Lucette ne t'aime plus ?

ARLEQUIN.

Ah ! madame Mathurine, il y a long-temps

que je fais tout ce que je peux pour ne pas le voir; mais cela me crève les yeux et le cœur. On dit que l'amour ne peut pas se cacher; croyez que, quand on cesse d'en avoir, cela se cache encore bien moins.

MATHURINE.

Je serais aussi fâchée que toi du changement de ma fille; ton mariage avec elle était arrangé depuis si long-temps! Lorsque ton père vint s'établir dans le pays de Caux, je fus la première à l'accueillir, à l'aider, à lui donner des secours pour faire valoir sa ferme. Je suis devenue veuve presque en même temps que ta mère : je l'aimais déjà beaucoup, ta mère; mais on s'aime bien mieux quand on a pleuré ensemble. Tu es son fils unique; je n'ai d'enfant que Lucette; ton caractère franc, ton bon cœur m'ont toujours plu; j'ai vu qu'ils plaisaient à ma fille : âge, fortune, inclination, tout se rapportait entre vous deux, tout semblait assurer votre bonheur et celui de vos mères; car tu sais bien que les mères ne sont heureuses que quand les enfans sont contens. Juge du chagrin que j'aurais de renoncer à de si douces espérances.

ARLEQUIN.

Hé bien, je suis fâché de vous dire que vous ne risquez rien d'avoir du chagrin.

SCÈNE I.

MATHURINE.

Peut-être aussi t'affliges-tu sans sujet. Les amoureux et les enfans pleurent souvent à propos de rien : tu es bien amoureux, et tu es un peu enfant.

ARLEQUIN.

Je suis oublié de votre fille, et voilà ce qu'il y a de pis. Depuis que ce M. Duval, le neveu de notre bailli, est arrivé de Paris avec son catogan, son gilet à fleurs, sa petite badine, et son air d'importance et d'impertinence, votre fille n'est plus la même. Elle est toujours avec M. Duval; elle apprend toutes les chansons qu'il dit; elle rit de tous les contes qu'il fait. Dimanche dernier ils ont toujours dansé ensemble : moi je pleurais derrière le joueur de violon; elle ne s'en est seulement pas aperçue. Le soir, on a joué à colin-maillard; c'était moi qui étais le colin-maillard; je l'ai resté toute la soirée, parce que vous sentez bien qu'on n'a plus ni bras ni jambes quand on est sûr de n'être plus aimé. J'entendais fort bien que mademoiselle Lucette et M. Duval se moquaient et riaient ensemble de moi : et quand je l'ai voulu reprocher à mademoiselle Lucette, pour toute justification, elle m'a dit que j'avais triché, puisque j'y avais vu clair. C'est-il clair, madame Mathurine ?

MATHURINE.

Tout cela peut être un enfantillage que tu auras pris trop au sérieux. Au lieu de gronder Lucette, il vaudrait mieux faire semblant de ne t'apercevoir de rien, et redoubler d'efforts pour être aimable.

ARLEQUIN.

Mon Dieu! madame Mathurine, je ne la gronde jamais : je pleure quelquefois, parce que je ne peux pas empêcher les larmes de venir; mais sitôt que mademoiselle Lucette me regarde, je me mets tout de suite à rire, de peur que cela ne l'impatiente. Quant à être aimable, dame! je fais ce que je peux, madame Mathurine, je mets tous les jours mon habit des dimanches : vous le voyez bien. Ma mère m'a donné tous ses joyaux; je ne les tiens pas dans mon coffre, je les porte tous sur moi : je me fais le plus brave que je peux; mais je n'ai point de catogan comme M. Duval; je ne sais pas siffler tous les petits airs qu'il siffle. Il a appris à Paris je ne sais combien de chansons, qu'il compose ensuite dans le moment pour mademoiselle Lucette; je n'en sais point, moi; j'ai voulu essayer d'en composer une, j'y ai passé toute ma journée d'hier; mais je n'ai pu trouver autre chose, sinon que : J'aime Lucette plus que ma vie. Quand j'ai dit cela une fois, bonsoir, j'ai dit tout ce que je savais.

MATHURINE.

Tu m'affliges beaucoup, mon ami, car ce petit Duval ne convient point du tout à ma fille.

ARLEQUIN.

Non, sûrement.

MATHURINE.

C'est un assez mauvais sujet....

ARLEQUIN.

Je vous en réponds.

MATHURINE.

Que son séjour à Paris n'a fait que gâter encore.

ARLEQUIN.

Oh! je le sais de très bonne part.

MATHURINE.

Il est d'une jolie figure.

ARLEQUIN.

Ma foi, comme cela; je ne le trouve pas joli, moi.

MATHURINE.

Il a de l'esprit.

ARLEQUIN.

Tout le monde le dit, mais savoir si c'est vrai.

MATHURINE.

Toutes les jeunes filles du village courent après lui.

ARLEQUIN.

Qu'elles courent, je ne m'y oppose pas, pourvu que Lucette se tienne tranquille.

MATHURINE.

Duval n'est pas riche.

ARLEQUIN.

Ça n'a rien que son catogan.

MATHURINE.

Ma voisine, qui le connait bien, m'a dit qu'il est fort intéressé, et que la dot de ma fille lui plaisait pour le moins autant que son visage.

ARLEQUIN.

Oh! tous ces drôles-là qui aiment l'argent n'ont point de goût.

MATHURINE.

Écoute, il ne faut pas encore nous désespérer. Lucette a pu être flattée de la préférence que lui a donnée M. Duval sur toutes les filles du village. Chez nous autres femmes, mon ami, la vanité est presque toujours la cause de toutes nos sottises. Lucette n'en est pas exempte : mais son cœur est bon, j'en suis sûre; et, avec un bon cœur et une bonne mère, une fille revient toujours. Tu sais comment j'ai élevé Lucette. J'ai commencé par lui persuader la vérité; c'est que je l'aime beaucoup plus qu'elle ne peut s'aimer elle-même. D'après cette idée, sa confiance en moi est sans bornes; elle me dit tout ce qu'elle pense. Je saurai bientôt quelle espèce de sentiment elle a pour M. Duval; et sois bien sûr que je ne négligerai rien pour la rendre à la raison et à toi.

ARLEQUIN.

Oh! si vous allez me mettre en compagnie avec la raison, vous ne ferez rien qui vaille. Je ne veux pas que votre fille m'aime par raison; je veux que ce soit par plaisir, comme c'était autrefois. Tenez, madame Mathurine, je ne suis point du tout d'avis que vous alliez prêcher mademoiselle Lucette : tous ces sermons-là me feront du tort. Vous feriez beaucoup mieux de m'enseigner la manière d'être plus gentil que je ne suis, d'avoir de l'esprit... de petites façons.... de petites grâces.... enfin toutes ces drôleries-là dont vous faites tant de cas, vous autres. J'ai déjà prié ma mère de me les apprendre; mais ma mère dit qu'il ne me manque rien, et que je suis charmant.

MATHURINE.

Elle a raison, ta mère, et je t'en dirai autant.

ARLEQUIN.

Oh! c'est que vous êtes aussi ma mère, vous. Je ne vous crois pas plus l'une que l'autre. Pardi! oui, voilà une belle manière d'être charmant, qui plaît aux mères, et ne plaît pas aux filles! Comment! madame Mathurine, vous ne voulez pas me donner quelques bons avis?

MATHURINE.

Quels avis veux-tu que je te donne?

ARLEQUIN.

Mais on vous a fait l'amour tout comme à une autre. Vous pouvez bien vous souvenir de ce qui vous plaisait le mieux; dites-le-moi, je le ferai pour plaire à votre fille.

MATHURINE.

Là-dessus, mon enfant, il n'y a point de règle sûre, et ce qui plaît à l'une ennuie l'autre. Mais j'entends Lucette; laisse-moi seule avec elle, je vais travailler pour toi.

ARLEQUIN.

Ah çà, n'allez pas lui dire que je vous ai parlé de rien, parce qu'elle m'en voudrait peut-être; et j'aimerais mieux qu'elle me fît souffrir toute ma vie que de la mettre en colère un seul moment.

MATHURINE.

Sois tranquille, et va-t'en.

SCÈNE I.

ARLEQUIN, *regardant venir Lucette.*

La voilà qui approche. Mon Dieu! comme elle est jolie! Madame Mathurine, c'est tout votre portrait au moins. (*Il soupire.*) Ce drôle de Duval me fera mourir de chagrin.

MATHURINE.

Et non, te dis-je; j'y mettrai ordre.

ARLEQUIN.

Ah! je vous en prie, occupez-vous-en, quand ce ne serait qu'à cause de ma mère, qui mourra de chagrin d'abord si elle ne me voit pas heureux. Adieu, madame Mathurine. (*Il s'en va en soupirant.*)

MATHURINE.

Adieu, mon fils.

ARLEQUIN, *revenant.*

Eh! comment avez-vous dit?

MATHURINE.

Adieu, mon fils.

ARLEQUIN.

Ah! j'aime bien cet adieu-là.

(*Il sort.*)

SCÈNE II.

MATHURINE, LUCETTE.

LUCETTE, *embrassant sa mère.*

Bonjour, ma mère : Arlequin n'était-il pas avec vous ?

MATHURINE.

Oui, ma fille.

LUCETTE.

Il vous a peut-être fait des plaintes de moi.

MATHURINE.

Non, il ne m'en a fait que de lui-même. Il a peur de t'avoir déplu.

LUCETTE.

Il ne sait ce qu'il dit.

MATHURINE.

Je l'ai rassuré. Tu l'aimes toujours ? n'est-il pas vrai ?

LUCETTE.

Depuis quelque temps il est bien moins aimable.

MATHURINE.

Bon ! tu ne me l'as pas encore dit, toi qui me dis tout.

LUCETTE

Oh ! c'est que cela serait bien long à vous raconter.

SCÈNE II.

MATHURINE.

Mais nous avons le temps.

LUCETTE.

Tenez, ma mère, c'est qu'il ne faut pas croire que M. Arlequin soit sans défauts, au moins. Depuis quelques jours je lui en ai découvert beaucoup.

MATHURINE.

Dis-les moi donc, je t'en prie.

LUCETTE.

Il a le cœur excellent, c'est vrai ; c'est le plus honnête garçon du monde, c'est encore vrai ; il aime sa mère de toute son âme, il vous aime de même ; il se jetterait au feu pour moi : je conviens de tout cela, parce que je suis juste, moi. Mais....

MATHURINE.

Hé bien ? ses défauts ?

LUCETTE, *embarrassée*.

Ses défauts.... c'est que.... je crois que je ne l'aime plus.

MATHURINE.

Celui-là est le pire ; mais tu fais bien de m'en avertir, parce qu'à nous deux nous verrons bien mieux le parti qu'il faudra prendre, s'il nous est impossible de corriger Arlequin de ce défaut-là.

LUCETTE.

Que vous êtes bonne, ma mère! j'avais peur que cela ne vous fâchât.

MATHURINE.

Tu me connais bien mal, Lucette! rien ne peut me fâcher quand c'est ma fille qui me le dit, comme rien ne peut me plaire quand c'est un autre.

LUCETTE, *l'embrassant.*

Ah! vous savez que je ne vous cache rien.

MATHURINE.

Revenons à ton amour : tu n'en as donc plus pour Arlequin?

LUCETTE.

Je ne vous assurerai pas la chose, mais voici tout bonnement ce qui m'arrive. M. Duval est un très joli garçon, qui a beaucoup d'esprit, qui a vécu dans le beau monde à Paris, où il m'a dit que toutes les dames de la cour étaient folles de lui. Ce M. Duval est amoureux de moi; toutes les filles du village en crèvent de dépit, cela me fait plaisir; Arlequin en a du chagrin, cela me fait peine : je ne sais comment arranger tout cela. Je voudrais bien aimer toujours Arlequin, mais je voudrais aussi être toujours aimée de M. Duval.

SCÈNE II.

MATHURINE.

C'est difficile, mon enfant. Mais, en supposant que cela pût s'arranger, ton cœur ne te ferait-il pas quelque petit reproche?

LUCETTE.

Non, ma mère, parce que je vous le dirais, et dès-lors il n'y aurait plus de mal.

MATHURINE.

Il est certain que je le préviendrais en te faisant voir combien tu serais injuste ; car chacun de tes deux amans te donnerait son cœur tout entier, et toi, tu ne pourrais donner à chacun d'eux que la moitié du tien : ce marché serait-il égal?

LUCETTE.

Non, assurément : je tricherais, et cela n'est pas honnête. Il faut donc que je me décide entre Arlequin et M. Duval.

MATHURINE.

Je le crois, et je te conseille, quand tu te seras décidée, de ne plus changer, car ce serait encore une injustice.

LUCETTE.

Comment cela?

MATHURINE.

C'est bien aisé à comprendre. Quand le seigneur du village m'a donné sa ferme, il m'a dit : Madame Mathurine, je vous donne tant de journaux à faire valoir, et vous me rendrez tant d'écus par an. Si au moment de la moisson il venait me dire : Je vous rends vos écus et je reprends mes journaux, n'est-il pas vrai qu'il agirait en malhonnête homme, puisque c'est la moisson qui doit me payer, non-seulement de mes écus, mais de mes peines et de mon travail ?

LUCETTE.

Sans doute.

MATHURINE.

Hé bien, quand tu auras choisi ton amoureux, et que tu lui auras dit : Je reçois votre amitié et je vous donne la mienne; si, au moment où il compte t'épouser, tu vas lui dire, Je vous rends votre amitié, et je veux reprendre la mienne, tu fais le même trait que le seigneur, c'est-à-dire, une très grande injustice.

LUCETTE.

Vous avez raison, ma mère. Ah! mon Dieu, comme il est difficile d'être juste !

MATHURINE.

Pas tant que tu le crois.

LUCETTE.

Mais, ma mère, vous me faites penser à une chose : j'avais déjà donné mon amitié à Arlequin...

SCÈNE II.

MATHURINE.

Je le sais bien : apparemment que tu as de bonnes raisons pour la reprendre.

LUCETTE.

Non, je n'en ai point de raisons ; et voilà ce qui me fâche.

MATHURINE.

Consulte bien ton cœur.

LUCETTE.

Mon cœur est pour Arlequin, ce n'est pas là l'embarras ; mais c'est que, si je congédie M. Duval, il deviendra l'amoureux de quelque fille du village, qui croira me l'avoir enlevé, et à cause de cela être plus jolie que moi : cela n'est point agréable, ma mère.

MATHURINE.

N'as-tu que cette raison ?

LUCETTE.

Oh ! j'en ai encore une autre ; c'est que j'ai tort avec Arlequin : il faudrait en convenir ; et je ne peux pas souffrir cela. Cependant... Mais j'entends quelqu'un, c'est M. Duval qui m'apporte un bouquet.

SCÈNE III.

MATHURINE, DUVAL, LUCETTE.

DUVAL, *d'un ton très fat.*

Oui, mademoiselle. (*A Mathurine.*) Madame, j'ai l'honneur de vous présenter mon respect. (*A Lucette.*) Depuis que vous m'avez permis de vous offrir des fleurs, elles viennent d'elles-mêmes dans le jardin de mon oncle.

LUCETTE.

Vous êtes bien honnête, monsieur Duval.

MATHURINE, *à part.*

Ces fleurs-là vont détruire tout mon ouvrage.

DUVAL.

J'espère que madame Mathurine me permettra de faire deux parts de mon bouquet. Je mettrai d'un côté les roses pour la mère, et de l'autre les boutons pour la fille : chacune aura ce qui lui ressemble. Quoiqu'en vérité, quand vous êtes auprès l'une de l'autre, je vous prends toujours pour les deux sœurs, et j'ai de la peine à distinguer l'aînée.

LUCETTE.

Ma mère, entendez-vous ?

MATHURINE.

Tenez, monsieur Duval, vous croyez me

SCÈNE III.

faire un compliment, et vous vous trompez. Je serais bien fâchée d'être sa sœur, car je ne serais plus sa mère; et je ne connais pas dans le monde un nom plus doux ni un plus bel état.

DUVAL.

En ce cas, les roses vous appartiennent. *(Il chante à Mathurine.)*

> En approchant de vous ces fleurs,
> Vous allez ternir leurs couleurs,
> Bien moins brillantes que les vôtres.

(A Lucette.)

> Ces tendres boutons s'ouvriront
> Quand sur votre sein ils seront
> Accompagnés de quelques autres.

LUCETTE.

Hé bien, ma mère, a-t-il de l'esprit !

DUVAL.

A propos, madame Mathurine, mon oncle m'a chargé de vous dire qu'il avait trouvé, dans de vieux papiers, un titre par lequel vous avez des droits certains sur les biens d'un nommé Arlequin, un paysan de ce village, une espèce d'imbécile, à ce qu'on dit. Mon oncle vous offre de commencer le procès, et vous répond de le gagner.

MATHURINE.

Monsieur votre oncle a bien de la bonté.

DUVAL.

Cela vaut la peine d'y penser. (*A Lucette.*) Vous ne savez pas ce qui m'est arrivé ce matin ?

LUCETTE.

Non.

DUVAL.

J'ai reçu une lettre fort tendre de la fille de ce gros paysan.... comment l'appelez-vous donc ?... qui a l'honneur de vous appartenir.

LUCETTE.

Qui, mon oncle Thomas ?

DUVAL.

Justement. Sa fille, qui n'est pas trop mal, en vérité, m'écrit qu'elle m'adore, que mon amour pour vous la fait mourir de chagrin, qu'elle est fille unique et fort riche, qu'elle s'estimera la plus heureuse des femmes si je veux bien...... (*Il s'aperçoit que Mathurine l'écoute, et il s'interrompt pour lui dire :*) Mon oncle m'a recommandé de vous dire, au sujet de ce titre, que son frère, procureur à Paris, vous servira de tout son cœur. Et c'est un homme sur lequel on peut compter, un homme du plus grand mérite ; il a ruiné plus de vingt familles avec bien moins de moyens que ce titre-là n'en fournit.

SCÈNE III.

MATHURINE.

Oh! je le crois.

DUVAL.

Je vous conseille de vous en occuper. (*A Lucette.*) J'ai répondu que mon cœur était pris ; que je la plaignais de toute mon âme, mais que j'avais déjà l'habitude de vous faire des sacrifices, puisque enfin vous seule m'empêchiez de retourner à Paris, où cinq ou six femmes de la première volée sont malades de mon absence..... (*A Mathurine.*) Que faudra-t-il dire à mon oncle?

MATHURINE.

Vous le remercierez de ma part, et vous lui direz qu'avant toutes choses je serais bien aise de voir le titre dont il s'agit. Si vous voulez me l'apporter tantôt, nous en raisonnerons ensemble.

DUVAL.

Ecoutez : c'est aujourd'hui dimanche : tout le monde est déjà assemblé sur la place pour danser; je vais y mener mademoiselle Lucette, et de là je cours chercher le titre, que je vous apporte dans l'instant.

LUCETTE.

Mais vous reviendrez danser après?

DUVAL, *à demi-voix.*

N'en doutez pas. (*Haut.*) Mademoiselle, il

faut que les affaires marchent avant les plaisirs : mais on peut tout arranger en s'y prenant bien.

MATHURINE.

Je vais vous attendre ici.

LUCETTE, *à sa mère.*

Comme il est raisonnable pour son âge, et comme il est poli !

DUVAL.

Hé bien, venez-vous sur la place ? je suis sûr que tout le monde vous désire. (*Il chante.*)

> Allons danser sous ces ormeaux,
> Venez, venez, belle Lucette,
> Allons danser sous ces ormeaux,
> J'entends déjà les chalumeaux.
> A tous les jeux que l'on apprête
> Vous seule donnez des appas ;
> Si l'on ne vous y voyait pas,
> Dimanche ne serait point fête.

LUCETTE, *à sa mère.*

Comme il est aimable ! Oh ! ma mère, me voilà décidée ; et vous n'avez qu'à dire à l'autre de prendre son parti. (*Lucette donne le bras à Duval, et ils s'en vont en chantant :*)

> Allons danser sous ces ormeaux,
> Venez, venez, belle Lucette,
> Allons danser sous ces ormeaux,
> J'entends déjà les chalumeaux.

(*Ils sortent.*)

SCÈNE IV.

MATHURINE, *seule*.

Tout est perdu, ma fille aime Duval, et ce qui la séduit en lui me prouve clairement qu'elle sera malheureuse. Si je voulais me servir un moment de mon autorité de mère, je suis bien sûre que Lucette obéirait. Obéir! ce mot-là tue tout. D'ailleurs c'est un mauvais moyen. En m'opposant à son amour, je ne le rendrai que plus fort; je ferai haïr Arlequin en ordonnant qu'il soit aimé. Ah! Lucette, Lucette, je ne veux que te rendre heureuse, et, pour y parvenir, il faut que je ruse avec toi. Hélas! que nous payons cher le bonheur d'avoir des enfans! A peine sont-ils nés, que mille maux les menacent; ils n'en souffrent que lorsque ces maux sont venus, leur mère en souffre même avant qu'ils viennent. Dans la jeunesse, des dangers plus grands : passionnés pour tout ce qui peut leur nuire, travaillant avec ardeur à devenir malheureux, et ne se souvenant de leur mère que quand ils ont à l'affliger. Je sais tout cela, je me le répète souvent; et un sourire de ma fille me le fait toujours oublier. Allons, prenons courage : puisque nous les aimons tant, il faut cependant bien que le plaisir passe la peine. Mais voici ce pauvre Arlequin ; il me fait pitié:

SCÈNE V.

MATHURINE, ARLEQUIN.

ARLEQUIN, *pleurant*.

Ah, mon Dieu ! mon Dieu ! que je suis à plaindre !

MATHURINE.

Qu'as-tu donc, mon ami ? tu pleures.

ARLEQUIN.

Sans doute, je pleure, et je n'en ai que trop sujet.

MATHURINE.

Que t'est-il arrivé ?

ARLEQUIN.

Vous savez bien ce sansonnet que j'élevais depuis plus d'un an, et qui disait si bien : J'aime Lucette, j'aime Lucette......

MATHURINE.

Hé bien ?

ARLEQUIN.

Hé bien ! comme mademoiselle Lucette a l'air de ne plus m'aimer, j'ai cru que c'était le moment de lui donner le sansonnet, afin qu'au moins elle se souvint de moi quand le san-

SCÈNE V.

sonnet lui dirait : J'aime Lucette. En conséquence, je l'ai tiré de sa cage, je lui ai attaché à la patte le plus beau ruban de ma mère, et j'ai été pour le porter à mademoiselle votre fille..... Ah ! mon Dieu ! mon Dieu ! c'est bien à présent qu'il n'y a plus d'espérance. (*Il pleure.*)

MATHURINE.

Hé bien, as-tu vu ma fille ?

ARLEQUIN.

Sûrement, je l'ai vue ; je l'ai rencontrée avec M. Duval qui s'en allait à la danse. Pardi ! ils chantaient tous deux comme deux rossignols ; cela m'a fait un peu de peine ; mais cependant je n'ai pas dit autre chose que d'ôter mon chapeau, et j'ai présenté le sansonnet à mademoiselle Lucette. Ah ! c'est là, c'est là que j'ai bien vu que j'étais perdu.

MATHURINE.

Explique toi donc, car tu m'impatientes. Que t'a dit ma fille ?

ARLEQUIN.

Ce qu'elle m'a dit ? je le sais bien ce qu'elle m'a dit, et je m'en souviendrai long-temps.

MATHURINE.

Mais si tu veux que je le sache, il faut aussi me le dire.

ARLEQUIN.

Elle m'a dit qu'elle n'aimait point tous ces animaux-là qui disaient toujours la même chose. Ainsi, a-t-elle ajouté, vous et votre sansonnet pouvez vous aller promener, je vous donne la clef des champs. En disant ces paroles, elle a lâché le ruban, et le sansonnet s'est envolé en répétant : J'aime Lucette, j'aime Lucette.

MATHURINE.

Ce trait-là n'est pas de ma fille. Et qu'as-tu fait ?

ARLEQUIN.

Moi, je n'ai pas pu m'envoler, je suis resté pétrifié ; et, malgré cela, mon cœur disait toujours comme le sansonnet, J'aime Lucette.

MATHURINE.

C'est ce malheureux Duval qui a sûrement engagé ma fille à une si mauvaise action.

ARLEQUIN.

Oh ! madame Mathurine, tout est fini : ce dernier trait me fait voir clair, votre fille ne m'aime plus du tout. Il faut que je prenne mon parti, et il est pris.

MATHURINE.

Je n'ose te donner beaucoup d'espérance, il ne m'en reste guère à moi-même. Cependant.....

SCÈNE V.

ARLEQUIN.

Oh! après l'histoire du sansonnet, il n'y a plus de *cependant*; mon parti est pris, madame Mathurine, mon parti est pris. Dès que le sansonnet a vu qu'on ne l'aimait plus, il s'en est allé tout de suite : le sansonnet a eu raison.

MATHURINE.

Écoute-moi : j'imagine un moyen dont l'exécution est difficile, je risque même beaucoup à l'entreprendre; mais, s'il me réussit, avant la fin du jour nous serons tous heureux.

ARLEQUIN.

Excepté moi.

MATHURINE.

Le serions-nous sans toi, nigaud? Mais n'est-ce pas Duval qui vient là-bas.

ARLEQUIN.

Eh, mon Dieu oui! cette figure-là me poursuit toujours.

MATHURINE.

Laisse-nous seuls; je vais lui tendre un piége où j'espère qu'il sera pris. Va m'attendre chez ta mère.

ARLEQUIN.

Oh! je n'attends plus, je suis décidé. Mais je vous reverrai, madame Mathurine; je vous reverrai; car je vous aime beaucoup, et je viendrai vous dire adieu. Adieu, madame Mathurine; je reviendrai vous dire adieu. (*Il sort.*)

SCÈNE VI.

MATHURINE, *seule*.

Voici Duval; il doit être bien difficile de le tromper : puisse ma tendresse pour ma fille me donner tout l'esprit dont j'ai besoin !

SCÈNE VII.

MATHURINE, DUVAL.

MATHURINE.

Ah ! vous voilà, M. Duval! je ne vous attendais plus.

DUVAL.

J'avais à vous remettre quelque chose qui peut vous être utile; vous m'avez promis de causer avec moi ; voilà deux motifs bien puissans pour me rappeler près de vous.

MATHURINE.

Oui : mais vous étiez avec ma fille, et je m'étonne que vous vous soyez souvenu de moi.

DUVAL.

Il est certain qu'en regardant mademoi-

selle Lucette, il est permis de tout oublier :
elle vous ressemble beaucoup.

MATHURINE.

Ah ! monsieur Duval, vous lui volez cette
douceur-là. Pour ne plus vous obliger à mentir, parlons d'autre chose. Où est ce titre avec
lequel je pourrais réclamer les biens de famille d'Arlequin.

DUVAL.

Le voici, madame (*Elle veut le prendre, Duval s'y oppose.*) Mais je ne peux vous le
laisser qu'autant que vous en ferez usage, et
que mon oncle sera chargé du procès. Telle
est sa volonté, que je n'ai pu faire changer.
Si, par exemple, vous veniez à marier mademoiselle votre fille, et que vous fussiez bien
aise d'augmenter sa dot en lui abandonnant
ce titre, alors mon oncle se ferait un plaisir
de vous le céder.

MATHURINE.

On ne peut pas être plus obligeant. Mais,
monsieur Duval, ce titre est personnel à moi ;
c'est à moi seule qu'il appartient : il ne pourrait servir à ma fille que dans le cas où je la
ferais mon héritière en la mariant.

DUVAL.

Cela va sans dire : mais personne ne doute
de vos intentions à ce sujet. On vous connaît

trop bien, madame Mathurine, pour n'être pas sûr que vous donnerez tout à mademoiselle Lucette, que vous lui laisserez choisir l'époux qui lui plaira, et qu'enfin vous n'avez amassé vos richesses que pour avoir le plaisir de lui en faire une dot.

MATHURINE.

Il est certain que, sans moi, ma fille n'aurait pas grand'chose. Son père était pauvre quand je l'épousai, je fis sa fortune : plaisir bien doux, monsieur Duval, plaisir que je n'ai éprouvé qu'une fois, et qui est le plus grand, sans doute, que la richesse puisse donner !

DUVAL.

Vous retrouverez ce plaisir, madame Mathurine, vous le retrouverez quand vous direz à l'époux qu'aura choisi mademoiselle Lucette : Mon ami, tu es aimable, et ma fille t'aime ; c'est son métier : mais tu es pauvre ; et je te donne toute ma fortune ; voilà le mien. En prononçant ces paroles, vous remettrez dans ses mains vos contrats, vos baux, vos billets, votre argent ; vous jouirez de sa surprise, de sa reconnaissance. Ah ! quel moment, madame Mathurine ; quelle satisfaction pour monsieur votre gendre et pour vous ! Tenez, moi, je suis né très sensible, et mon cœur est ému à cette seule idée. Il me semble que je

SCÈNE VII.

vois tout cela; et je sens la joie...... les transports..... le plaisir..... Oh! c'est un beau moment, madame Mathurine!

MATHURINE.

J'en conviens. Mais je n'ai pas trente-quatre ans, j'ai un cœur tout comme un autre : il est possible que je trouve quelqu'un qui me plaise; il est encore possible que je plaise à quelqu'un. N'est-il pas vrai, monsieur Duval? On a vu des choses plus extraordinaires.

DUVAL.

Pour cela, madame, ce ne serait point du tout singulier.

MATHURINE.

Hé bien, si, après avoir mis d'un côté le bien qui revient à ma fille, je mettais d'un autre le reste de ma fortune, qui est quatre fois plus considérable, et par là-dessus le titre que vous tenez; que je vinsse avec cette dot trouver un aimable garçon, comme vous, je suppose; il ne faut pas que cela vous fâche, ce n'est qu'une supposition; et que je vous disse : Mon cher ami, vous me plaisez, c'est votre métier; je vous épouse, c'est le mien; je vous donne tout ce que j'ai, c'est mon plaisir; et qu'en prononçant ces mots je vous misse en possession de tous mes biens, de tout mon argent, de tous mes contrats: c'est une supposition, comme vous entendez bien; mais vous conviendrez que dans cette supposition-là je jouirais bien mieux de la surprise, de la joie, de la reconnaissance de celui que j'enrichirais. Ah! quel moment, monsieur Duval, quelle satisfaction pour mon époux et pour moi! Tenez, je ne le cache pas, je suis encore sensible, et mon cœur tressaille un peu à cette idée; il me semble que j'y suis.... et je sens.... en vérité.... Oh! c'est un joli moment, monsieur Duval!

DUVAL.

Oui, oui, madame Mathurine, et plus joli encore pour celui qui le passerait avec vous que pour vous-même.

MATHURINE.

Allons donc, vous vous moquez. Parlons de quelqu'un qui vaut bien mieux que moi, de ma fille : car si je m'occupe jamais de la supposition que j'ai faite, ce ne sera qu'après l'avoir établie. Tous mes arrangemens sont pris là-dessus : l'argent qui lui revient est prêt; j'y ajouterai même quelque chose, parce qu'une mère est toujours obligée de faire plus que son devoir; on me permettra de disposer ensuite de ce qui me reste en faveur de la personne que mon cœur aimera le plus.

SCÈNE VII.

DUVAL.

Vous raisonnez si bien, madame Mathurine, que chacune de vos paroles pénètre jusqu'à mon âme. Mais votre grand malheur, celui dont je ne puis me consoler, c'est que vous êtes trop riche. Comment voulez-vous qu'un amant un peu délicat ose vous faire sa cour ?

MATHURINE.

Oh! vous sentez bien que je n'irai pas raconter ainsi toutes mes affaires à un homme qui pourrait m'aimer. Je vous ai tout dit à vous, parce que l'on ne peut se flatter de rien avec un homme aussi couru, avec l'amant fidèle de mademoiselle Lucette. Allons, allons, changeons de propos, car cela m'impatiente. Vous venez ici me demander ma fille, me dire qu'elle vous aime et que vous l'adorez. Hé bien, tant mieux pour vous. Je vous la donne, sa dot est prête, le mariage se fera quand vous voudrez.

DUVAL.

Mais, madame Mathurine, qui vous dit un mot de cela ? Voulez-vous me faire la grâce de m'entendre un moment, et de me croire ?

MATHURINE.

Vous croire, c'est bien fort. Mais, voyons, dépêchez-vous.

DUVAL.

Il y a trois mois que je suis dans ce village, et que je pourrais être à Paris, où je jouis, sans vanité, d'une existence fort agréable. Il faut donc qu'un puissant motif me retienne ici ; et ce motif, que peut-il être, sinon l'amour ?

MATHURINE.

Hé, je le sais, monsieur, je le sais, ce n'est pas la peine de me le répéter.

DUVAL.

Non, vous ne le savez pas ; je n'ai jamais osé vous le dire : mais daignez l'apprendre aujourd'hui, puisque vous n'avez pas voulu le deviner. En arrivant dans ce village, je vis une veuve de trente ans à peu près, plus jolie, plus fraîche que toutes les filles de quinze ; un visage rond, un nez retroussé, des yeux vifs et spirituels, trente-deux dents bien blanches et bien rangées, l'air de la franchise et de la gaîté ; avec tous ces charmes, un caractère d'or, bon, vrai, sensible, passionné pour faire du bien. Vous jugez que cet être-là me tourna la tête : mais comment oser le lui dire, moi, jeune étourdi, sans figure, sans esprit, sans aucun de ces agrémens qui compensent le défaut de fortune. Je résolus donc de ne jamais parler à cette veuve de l'amour qu'elle m'avait inspiré. Peu de jours après, je ren-

SCÈNE VII.

contre une jeune fille qui lui ressemblait à s'y méprendre ; cette seule raison me la fait préférer à toutes les beautés du village ; je la distingue, je lui marque des attentions ; elle m'accueille, elle accepte mon hommage ; et moi, n'osant porter mes vœux jusqu'à l'original, je me trouve trop heureux de les adresser au portrait. Voilà l'histoire de mon amour pour mademoiselle votre fille.

MATHURINE.

Monsieur Duval, il est impossible de se fâcher d'une pareille déclaration, surtout quand on n'a pu s'empêcher de laisser voir qu'on la désirait ; mais enfin c'est le portrait que vous voulez, c'est le portrait qu'il vous faut, et vous ne seriez pas homme à le sacrifier à l'original.

DUVAL.

Ah ! dites un mot, un seul mot, et vous verrez......

MATHURINE.

Vous abusez de vos avantages. Mais écoutez, monsieur Duval : vous m'avez raconté l'histoire de vos amours ; il faut que je vous raconte la mienne. Quand mon mari vint à m'aimer, il faisait la cour à une petite paysanne du village, qui apparemment me ressemblait aussi. Je lui fis entendre que je n'aimais point ces distractions; et j'exigeai qu'il écrivît à mon portrait une lettre bien claire, par laquelle il lui annonçait qu'il ne l'avait jamais aimée, et que tout son cœur était à moi.

DUVAL.

Quel fut le prix de ce sacrifice?

MATHURINE.

Ma main.

DUVAL.

Vous lui signâtes sans doute, en même temps qu'il écrivit la lettre, une promesse de l'épouser le lendemain?

MATHURINE.

Le jour même.

DUVAL.

Avez-vous une plume et de l'encre chez vous?

MATHURINE.

Tout ce qu'il faut.

DUVAL.

Donnez-vous la peine de passer dans votre maison, nous terminerons notre conversation par écrit.

MATHURINE.

De tout mon cœur, monsieur Duval : eh! que ne parlez-vous? Souvenez-vous cependant

qu'avant tout il faut que ma fille soit mariée, et que le titre soit dans mes mains.
DUVAL.
Avant tout il faut vous plaire et vous adorer à jamais.

(*Ils entrent dans la maison.*)

SCÈNE VIII.
LUCETTE, *seule.*

Duval est avec ma mère; sans doute il lui demande ma main. Je ne sais si j'en serai bien aise. Duval est aimable, mais son cœur ne vaut pas son esprit : il a trop ri quand j'ai lâché le sansonnet d'Arlequin. Ah! ce que j'ai fait là n'était pas bien. Je vois encore ce pauvre malheureux, interdit, les larmes aux yeux, me regardant sans se plaindre : ce souvenir fait couler les miennes. Ah! qu'on est malheureux quand on a fait quelque chose de mal! on y pense toute la journée.... C'est ce Duval qui l'a exigé. Quand j'aimais Arlequin, il n'exigeait jamais rien qui pût me donner du chagrin..... Je ne sais que faire; je suis bien à plaindre. Il faut attendre ma mère, je lui dirai tout; cela me soulagera.

SCÈNE IX.

LUCETTE, ARLEQUIN, *en habit de dragon, avec le casque et le sabre.*

LUCETTE.

Mais que vois-je ? c'est Arlequin..... Oui, c'est lui..... Je ne me trompe pas. Et comment.....

ARLEQUIN, *se retirant.*

Je vous demande pardon, mademoiselle, c'est madame votre mère que je cherchais.

LUCETTE.

Arlequin, arrêtez, répondez-moi. Que veut dire cet habit ? que vous est-il arrivé ? Je tremble de frayeur.

ARLEQUIN.

Ne tremblez pas, mademoiselle, ne tremblez pas, je n'ai pas le projet de tuer monsieur Duval. Je ne veux la mort de personne que la mienne.

LUCETTE.

Mais expliquez-vous donc, et tirez-moi d'inquiétude. Pourquoi cet uniforme ? vous êtes-vous engagé ?

ARLEQUIN.

Engagé ! je l'étais avec vous ; c'était tout mon bonheur, c'était toute ma joie..... Vous

SCÈNE IX.

m'avez donné mon congé; vous m'avez chassé avec ignominie; j'ai été chercher un autre capitaine, bien moins aimable, mais un peu plus sûr.

LUCETTE.

Est-il possible que vous ayez fait cette folie? est-il possible....?

ARLEQUIN.

Mademoiselle, j'ai fait quelquefois des folies plus dangereuses; car enfin je n'ai engagé que ma vie à mon capitaine : ce qui peut m'arriver de pis, c'est de la perdre; et, une fois mort, on ne souffre plus. Mais quand on engage son cœur, quand on le donne, quand on le livre tout entier à celle que l'on chérit plus que soi-même, et qu'après l'avoir accepté elle le dédaigne, le déchire, le pique de cent coups d'épingle dans les endroits qu'elle connaît les plus sensibles, mademoiselle, cela fait plus de mal que de mourir, et cela fait mal bien plus long-temps.

LUCETTE.

Et que dira votre mère? Vous ne songez pas qu'en m'abandonnant vous l'abandonnez aussi?

ARLEQUIN.

Ce n'est pas moi qui vous abandonne, puisque je vous emporte dans mon cœur, et que vous m'avez dit : Va-t'en. Quant à ma mère, je n'ai point d'excuse, je le sais, et j'en pleure. Mais madame Mathurine la consolera, prendra soin d'elle pendant mon absence. Je venais l'en prier; je venais lui demander de remplir ma place auprès de ma mère. Ce n'était pas vous que je cherchais, mademoiselle ; je voulais partir sans vous voir.

LUCETTE.

Partir ! Quoi ! vous voulez partir dès aujourd'hui ?

ARLEQUIN.

Tout à l'heure. Il le faut bien : le capitaine m'a dit que le général est à la veille de donner bataille, et qu'il n'attendait plus que moi pour cela. Vous jugez bien que je ne peux pas faire attendre cet honnête homme.

LUCETTE.

Mais, Arlequin, l'on vous a trompé ; soyez sûr....

ARLEQUIN.

Oh ! je le sais bien que l'on m'a trompé, mais ce n'est pas le capitaine. Mademoiselle, ne me retenez pas plus long-temps : je vous le répète encore, ce n'est pas vous que je cherchais ; c'est madame Mathurine, votre mère, à qui je veux remettre ce papier. Est-elle chez elle ?

SCÈNE IX.

LUCETTE.

Elle est en affaire. (*Arlequin s'en va.*) Vous me quittez donc?

ARLEQUIN *s'arrête.*

Je tâche de m'en aller, mais je ne vous quitte pas.

LUCETTE.

Arlequin.....

ARLEQUIN.

Hé bien? (*Il revient.*)

LUCETTE.

Que je suis malheureuse!

ARLEQUIN.

Je n'aurais jamais cru que c'eût été à moi de vous consoler aujourd'hui.

LUCETTE.

N'en parlons plus, puisque votre parti est pris. (*Elle pleure.*) Dites-moi seulement ce que c'est que ce papier que vous voulez donner à ma mère.

ARLEQUIN, *refusant de le montrer.*

Oh! ce n'est rien, mademoiselle, ce n'est rien.

LUCETTE.

Comment! je ne peux pas le voir?

ARLEQUIN.

Vous le verrez quelque jour: ce n'est pas

mon intention que vous le voyiez dans ce moment.

LUCETTE.

Je vous en prie.

ARLEQUIN.

Vous me priez ! vous me priez de quelque chose ! vous ! voici donc encore un petit moment de bonheur !

LUCETTE.

Laissez-moi lire. (*Elle prend le papier et lit.*) « MON TESTAMENT. » Comment, votre testament !

ARLEQUIN.

Sans doute : puisque l'on m'attend pour cette bataille, il faut bien mettre un peu d'ordre dans ses affaires.

LUCETTE *lit*.

Comme ainsi soit que dès que l'on n'est plus aimé dans ce monde on n'a rien de mieux à faire que d'en sortir, j'ai pris mon parti de profiter des bontés d'un capitaine qui veut bien m'envoyer à la bataille. J'espère qu'aussitôt que j'y serai arrivé, mon affaire sera finie le plus promptement possible ; et c'est alors que je prie madame Mathurine, mère de mademoiselle Lucette, de vouloir bien être mon exécutrice testamentaire.

D'abord, je demande pardon à ma mère de

m'être fait tuer sans sa permission ; mais comme c'est le premier chagrin que je lui ai donné, j'espère qu'elle me le pardonnera pour cette fois ; l'assurant bien du fond de mon âme que jamais il ne m'arrivera plus de rien faire qui lui déplaise, et que je ne regrette de ce monde que le bonheur et le plaisir de l'aimer.

Je donne et lègue à mademoiselle Lucette tout le bien paternel dont je peux disposer sans mettre ma mère mal à son aise, lui pardonnant ma mort et tout ce qu'elle m'a fait souffrir, et désirant de toute mon âme qu'elle soit heureuse avec celui qu'elle m'a préféré. Je mets pourtant la condition à ce legs, que le premier garçon de mademoiselle Lucette sera nommé Arlequin, et qu'elle pensera quelquefois à moi en aimant et caressant Arlequin, ce qui m'empêchera de m'ennuyer dans l'autre monde.

Je donne encore et lègue une petite pension alimentaire au petit chien Aza que j'ai donné à mademoiselle Lucette, sentant fort bien que ce petit chien ne sera plus aimé de sa maîtresse quand elle aura épousé mon rival, et ne voulant pas que ce bon petit chien, qui a été mon camarade, meure de faim pour avoir déplu comme moi.

Voilà à quoi se réduisent toutes mes volontés : c'est la première et la dernière fois que j'en ai d'autres que celles de mademoiselle Lucette.

Signé ARLEQUIN.

(*Arlequin veut reprendre le testament, Lucette le retient.*)

Arlequin, gardez votre bien : mais laissez-moi cet écrit : il ne me quittera jamais ; je le lirai toute ma vie, du moins jusqu'à ce que mes larmes l'aient effacé.

ARLEQUIN.

Vos larmes ! Quoi ! vous pleurez ! Et de quoi pleurez-vous ? Que vous est-il arrivé, mademoiselle Lucette ? Ah ! parlez, contez-moi vos peines : j'ai bien cédé votre bonheur à M. Duval, mais je ne veux céder à personne vos chagrins.

LUCETTE.

Mon ami....

ARLEQUIN.

Oui, je le suis votre ami, je le suis toujours, je le serai tant que je vivrai. Vous n'avez plus voulu être mon amie, vous m'avez ôté votre amitié ; c'est un bien grand malheur pour moi : mais ce qui l'a un peu soulagé, c'est que je n'ai jamais pu vous ôter la mienne. Ré-

SCÈNE IX.

pondez-moi donc, qu'avez-vous? qu'est-ce qui vous chagrine?

LUCETTE.

Le repentir, la honte d'avoir pu vous méconnaître un moment, d'avoir été ingrate envers vous. Ma vanité, mon âge, m'ont égarée: mon cœur n'a pas été coupable, mon cœur vous a toujours aimé, Arlequin; soyez-en bien sûr: et cet amour si vrai...

ARLEQUIN.

Que dites-vous donc, Lucette? Répétez, répétez, je vous en prie; je n'ai sûrement pas bien entendu. Vous m'aimeriez! vous m'aimeriez encore! Hélas! mon Dieu, votre changement a pensé me faire mourir de douleur, votre retour me ferait mourir de joie. Je n'ai pas besoin d'aller à la bataille, vous me tuerez quand vous voudrez.

LUCETTE.

Oui, je t'aime, je t'ai toujours aimé, je pleurerai toute ma vie le malheur de t'avoir perdu; je te le dis, je te le répète, je trouve du plaisir à te l'avouer dans l'instant où je n'espère plus de pardon, où je ne me flatte plus...

ARLEQUIN.

De pardon! ma bonne amie, qu'est-ce que c'est que ce mot-là! Quoi! j'allais mourir, tu m'accordes la vie, et tu me parles de te pardonner ! Mais c'est à moi de te remercier, puisque c'est moi qui reçois ma grâce.

LUCETTE.

Quoi ! tu daignerais....!

ARLEQUIN.

Oui, je daignerai être heureux : car, il ne faut pas t'abuser, toute perfide, tout infidèle que tu étais, je n'ai jamais pu te haïr ; tu l'aurais été cent fois davantage, je t'aurais toujours chérie : il dépendait de toi, mon amie, de m'ôter mon bonheur, mais non pas mon amour.

LUCETTE *lui tend la main.*

Faisons donc la paix, veux-tu ?

ARLEQUIN.

De toute mon âme. Mais vous ne danserez plus avec M. Duval ?

LUCETTE.

Je ne lui parlerai de ma vie. Mais tu n'iras point à la guerre ?

ARLEQUIN.

Ah ! dame ! c'est difficile à arranger, à cause de ce général qui m'attend. Mais, écoute ; je lui écrirai qu'il donne toujours sa bataille, parce que j'ai eu des affaires, et que je me suis arrangé avec toi ; et, s'il lui fallait absolument quelqu'un, nous pourrions lui

SCÈNE IX.

envoyer à ma place M. Duval. Ma mère arrangera tout cela avec le capitaine, qui est un bon homme.

LUCETTE.

Et le sansonnet?

ARLEQUIN.

Il est revenu chez nous. Ce drôle-là s'est douté que nous nous raccommoderions.

LUCETTE.

Puisque tu me pardonnes, je suis heureuse, et je te promets bien que M. Duval ne te donnera jamais de chagrin. Je veux lui déclarer devant toi...

SCÈNE X.

ARLEQUIN, LUCETTE, UN VALET DE FERME.

LE VALET, *une lettre à la main.*

MADEMOISELLE, voici un billet que M. Duval m'a chargé de vous remettre.

LUCETTE

Je n'en ai que faire; vous pouvez le lui reporter.

LE VALET.

Oh! je m'en garderai bien, M. Duval me gronderait : il m'a dit de vous le donner, le voilà. Il faut que je m'accoutume à obéir à

M. Duval : à présent qu'il va être le gendre de madame Mathurine, il nous ferait enrager tout à son aise.

ARLEQUIN.

Que parles-tu de gendre de madame Mathurine?

LE VALET.

Je dis ce qui est vrai, que M. Duval va épouser mademoiselle Lucette.

ARLEQUIN.

M. Duval va épouser Lucette! Qui t'a dit cela?

LE VALET.

Je le sais bien peut-être, puisque j'ai ordre d'aller chercher monsieur le tabellion pour le contrat de mariage, et d'amener en même temps les ménétriers. Madame Mathurine fait là une sottise : si elle m'avait consulté, je lui aurais dit de vous donner plutôt sa fille; car, en vérité, quoique vous soyez un petit peu innocent, je vous aimerais cent fois mieux pour maître que ce petit freluquet. Mais je perds mon temps à babiller. (*A Lucette.*) Vous avez votre lettre, bonsoir. Dieu vous maintienne en joie!

(*Il s'en va.*)

SCÈNE XI.

ARLEQUIN, LUCETTE.

ARLEQUIN.

Comment! vous me promettez de ne plus danser avec M. Duval, et vous allez vous marier avec lui!

LUCETTE.

Mon ami, je te réponds, je te jure que je l'ignore; que ma mère ne m'en a pas parlé; et que rien au monde ne pourra m'y faire consentir.

ARLEQUIN.

Je vous crois, Lucette, je vous croirai toujours : voilà pourquoi ce serait bien mal à vous de me tromper. Mais lisez votre lettre; que je ne vous gêne pas.

LUCETTE.

Non, mon ami, c'est à toi de la lire, c'est à toi d'en faire tout ce que tu voudras.

ARLEQUIN.

Point du tout; elle n'est pas pour moi...

LUCETTE.

Elle est pour toi, puisqu'elle me regarde. Je ne puis ni ne veux avoir de secret pour le maître de mon cœur : prends cette lettre, lis, et ne te fâche pas des expressions de tendresse qu'elle contient. Duval croit m'épouser, il m'adore, il parle sûrement de son bonheur avec toute la vivacité de son amour, pardonne-le-lui, mon ami, et sois bien sûr que plus cette lettre est tendre, plus j'ai de plaisir à te la sacrifier.

ARLEQUIN.

Allons, voyons donc, puisque vous le voulez.... Cela me fait pourtant un peu de peine; je n'aime pas à entendre dire par un autre ce que je voudrais penser et dire tout seul. Mais allons, il faut s'y résoudre, quand ce ne serait que pour m'instruire, et voir un peu avec quelles douceurs M. Duval tourne si bien la tête aux jeunes filles. *(Il ouvre et lit.)*

MADEMOISELLE,

J'ai été poli et galant avec vous comme je le suis avec toutes les femmes, et vous avez pris cette galanterie pour de l'amour. J'en suis d'autant plus fâché, que vous m'avez offert votre cœur, et qu'il m'est impossible de l'accepter, puisque le mien est tout entier à celle à qui je vais m'unir. DUVAL.

LUCETTE, *riant.*

C'est toi qui t'amuses à faire cette lettre-là.

ARLEQUIN.

Moi? je n'ai jamais fait ni écrit de pareilles impertinences. Je lis ce qu'il y a.

SCÈNE XI.

LUCETTE *prend la lettre.*

Cela n'est pas possible..

ARLEQUIN.

Voyez vous-même.

LUCETTE, *après avoir lu.*

Ah! le traître! Mon ami, ne m'accable pas; je n'avais pas encore reçu cette lettre, je ne m'attendais pas à la recevoir quand je t'ai rendu mon amour, quand je t'ai dit....

ARLEQUIN.

Ne parlons plus de rien, Lucette: si ta faute n'avait pas été punie, j'aurais pu te la rappeler quelquefois pour te faire enrager; mais, après cette lettre-ci, je mériterais que tu m'oubliasses tout-à-fait si je pouvais m'en souvenir un seul moment. (*Il déchire la lettre.*) Parlons de notre mariage. Je t'aime plus que jamais; je ne t'ai jamais vue si belle, si jolie qu'aujourd'hui; et tout mon bonheur, toute ma confiance, toute ma gaîté, sont revenus dans mon cœur.

LUCETTE.

Ah, mon cher Arlequin! combien je sens ton procédé!...

ARLEQUIN.

Ne sens que ma joie, c'est tout ce que je demande, et oublie à jamais tout ce qui n'est pas ta mère ou moi.... Mais voici madame Mathurine avec M. le tabellion, et..... toujours ce monsieur.

SCÈNE XII.
LUCETTE, ARLEQUIN, DUVAL, MATHURINE, LE TABELLION.

MATHURINE.

Ma fille, voici le moment de terminer bien des affaires. M. le tabellion nous aidera; il porte avec lui ton contrat, où le nom de ton mari est en blanc : c'est à toi, comme de raison, à le remplir; vois si tu veux du temps pour te décider, ou si tu peux t'expliquer tout de suite.

LUCETTE.

Grâce au ciel, ma mère, je n'ai pas besoin de réflexion pour faire écrire sur ce papier le nom qui a toujours été dans mon cœur. (*Au tabellion.*) Monsieur le tabellion, écrivez que mon mari, mon amant, mon ami, s'appelle Arlequin.

ARLEQUIN.

Oui, monsieur, entendez-vous? et n'oubliez aucune de mes qualités.

LE TABELLION.

Je vous en fais mon compliment. Mais est-ce là votre habit de noces?

SCÈNE XII.

ARLEQUIN.

Non, non; c'est mon habit de la veille.

MATHURINE.

Ta mère sort de chez moi; elle savait déjà la folie que tu as faite, et elle est allée chez le capitaine pour acheter ton congé.

ARLEQUIN.

Elle a raison, ma mère, car voici mon colonel, et je quitte le capitaine pour suivre le colonel. Je sais ce que c'est que la subordination.

MATHURINE.

Ce n'est pas tout. Voici un titre avec lequel je pouvais ruiner ta bonne mère et toi-même. Tant que tu le saurais dans mes mains, tu te croirais obligé de m'aimer pour que je n'en fisse pas usage. Il faut que tu m'aimes, comme tu le disais tantôt, seulement pour ton plaisir : tiens, voilà ton titre. (*Elle le déchire.*)

DUVAL.

Ah, madame!

MATHURINE.

Un moment. Sais-tu ce qu'il m'en a coûté, ma fille, pour assurer le repos du bon Arlequin, de sa mère, et pour faire avouer à monsieur qu'il ne t'avait jamais aimée? Une promesse de mariage, qu'il faudra bien tenir, si monsieur l'exige, après certaines dispositions que je veux faire auparavant. Monsieur le tabellion, écrivez que, par-dessus la dot qui revient à ma fille, je lui donne dès aujourd'hui tout ce que je possède dans le monde, tout ce que je pourrai jamais posséder ; que je me remets entièrement à sa disposition : et expliquez cela de manière qu'il soit aussi clair que tout mon bien est à ma fille comme il est clair qu'elle a tout mon cœur.

LUCETTE.

Ah, ma mère !

MATHURINE.

Laisse-moi parler. (*A Duval.*) A présent, monsieur, qu'il ne me reste plus que les appas qui vous ont séduit, si vous voulez ma main, vous n'avez qu'à dire, je subirai mon sort. Mais notre fortune dépendra de mademoiselle Lucette ; c'est à elle à me faire une dot pour me forcer à un mariage que je déteste. Demandez-lui donc ses intentions : voilà ma mère.

DUVAL.

Madame, il m'est impossible de vous exprimer à quel point cette plaisanterie-là m'enchante. Je suis ravi d'y être pour quelque chose. Je vous rends votre promesse. En vous épousant, nous serions tous deux malheureux ; en ne vous épousant pas, nous sommes tous les quatre contens : il n'y a pas de com-

SCÈNE XII.

paraison. Et, d'après ce calcul, je crois n'avoir rien de mieux à faire que de prendre congé de la compagnie.

MATHURINE.

Vous devinez notre avis.

ARLEQUIN *le rappelle.*

Monsieur, monsieur?

DUVAL.

Quoi?

ARLEQUIN.

Comme vous avez beaucoup d'esprit, et que je ne suis qu'une bête, ne pourriez-vous pas me faire quelques petits couplets sur mon mariage, je vous serais bien obligé.

MATHURINE, *à Arlequin.*

Allons, mon ami, allons faire la noce chez ta mère; je veux lui porter un bouquet, et en recevoir un de sa main : le jour du bonheur des enfans est la fête des bonnes mères.

FIN DE LA BONNE MÈRE.

LE BON FILS,

COMÉDIE

EN TROIS ACTES ET EN PROSE,

Représentée sur un théâtre de société, le 1.ᵉʳ novembre 1785.

A S. A. R.
MONSEIGNEUR LE PRINCE
HENRI DE PRUSSE.

Monseigneur,

Je n'apporte point aux pieds de Votre Altesse royale le tribut d'admiration et de louanges que l'on doit aux héros : l'Europe entière vous l'a payé. Des milliers d'hommes vous ont vu vaincre ; moi je vous ai vu pleurer à l'aspect d'un malheureux, au récit d'une bonne action. C'est à votre sensibilité, à votre bienfaisance, à votre humanité (dons si rares dans les héros), que je présente un BON FILS, qui, suivant pour toute règle la morale de son cœur, sacrifie sa maîtresse à sa mère. Protégez-le, Monseigneur ; il est utile que la vertu soit sous la garde de la gloire.

Je suis avec un profond et tendre respect,

Monseigneur,

De Votre Altesse royale,

Le très humble et très obéissant serviteur,
FLORIAN.

PERSONNAGES.

MARCELLE, vieille paysanne.
FIRMIN, son fils.
THIBAUT, paysan du village.
AGATHE, sa fille.
GIRAUT, fermier.

La scène est dans un village.

LE BON FILS,
COMÉDIE.

ACTE PREMIER.

Le théâtre représente des arbres et des maisons ; celle de Marcelle se distingue sur un des côtés de la scène.

Marcelle, assise devant sa porte, file sa quenouille ; Firmin son fils, assis auprès d'elle, tient un livre dans ses mains.

SCÈNE I.

MARCELLE, FIRMIN.

FIRMIN.

Ces fables sont assez jolies, ma mère ; voulez-vous que j'en lise encore une ?

MARCELLE.

Comme tu voudras, mon fils : mais il y a long-temps que tu lis haut, je crains que cela ne te fatigue.

FIRMIN.

Bon ! fatiguer ! je m'interromps pour causer

avec vous ; cela me repose. Voyons encore celle-ci, (*Il lit.*)

LA BREBIS ET L'AGNEAU,

FABLE.

Une brebis un jour disait à son agneau :
  Mon fils, je suis toute saisie
En songeant aux dangers qui menacent ta vie :
Tout le monde t'en veut ; le maître du troupeau
  Attend que tu fasses envie
A quelque bon boucher, autrement dit bourreau,
Qui nous prend, nous achète ; et, sans cérémonie,
  De sang froid vient nous égorger.
  Son confrère le loup t'épie,
  Comme lui voulant te manger.
Enfin contre mon fils tout à la fois conjure ;
Tu vois le jour à peine, on va te le ravir ;
Et, plus vieille que toi, je te verrai mourir,
  Contre l'ordre de la nature.
Hélas ! répond l'agneau, c'était un de mes vœux :
Mourir jeune n'est pas un destin si contraire :
  Je serais bien plus malheureux
  Si je survivais à ma mère.

Ah ! ma mère ! cette fable me plaît beaucoup ; je suis le frère de cet agneau-là.

MARCELLE.

Celui qui l'a fait ainsi parler t'avait sûrement entendu. Mais laisse ton livre, mon ami, et viens m'embrasser; l'émotion où je suis m'empêcherait d'être attentive.

FIRMIN *l'embrasse.*

J'aime encore mieux cela que la fable.

MARCELLE

Regarde, mon ami, combien ta tendresse me rend heureuse! Nous sommes pauvres, nous n'avons rien au monde que cette chaumière et notre petit jardin. J'ai perdu mon mari, je n'ai plus de parens, je suis souvent tourmentée par des créanciers de ton père, qui avait un peu le défaut d'emprunter, et qui, de bons bourgeois que nous étions autrefois, nous a réduits à devenir des paysans pauvres. Tout ce qu'il a laissé de dettes me regarde, parce que je me suis engagée pour lui. J'ai soixante-neuf ans, et je commence à souffrir des infirmités de la vieillesse : hé bien, quand tu es près de moi, quand je te vois, quand je t'entends, surtout lorsque tu m'embrasses, je suis jeune, riche, bien portante, je retrouve tout ce que j'ai perdu; une seule de tes caresses me fait oublier dix ans de chagrin; et, quand tu m'appelles ta mère, j'éprouve un plaisir cent fois au-dessus de toutes les peines que j'ai souffertes. Je te dis cela, mon cher fils, parce que je m'aperçois bien que tu crois m'avoir des obligations; que tu t'occupes sans cesse de me prouver ta reconnaissance; et il ne faut pas t'abuser, vois-tu : c'est ta mère qui t'en doit.

FIRMIN.

Ah bien oui, par exemple, voilà de jolis propos! Tenez, je vous parle en ami; n'allez pas dire ces choses-là devant du monde, car on se moquerait de vous. Devant moi, à la bonne heure, il n'y a pas d'inconvénient, parce que je vous passe tout; mais...

MARCELLE.

Non, je veux que tu sois bien sûr...

FIRMIN.

Oui, je le suis aussi que vous êtes pour moi ce qu'il a de plus cher au monde; que sans vous je ne pourrais pas vivre, et que, si vous ne m'aimiez pas, je n'aurais plus de plaisir à rien, pas même à aimer Agathe.

MARCELLE.

Tu l'aimes bien ton Agathe?

FIRMIN.

Oh! c'est la seconde personne de mon cœur. D'abord vous, puis Agathe, puis moi, puis plus rien.

MARCELLE.

Heureusement qu'Agathe a un frère qui l'empêche d'être riche, et que son père, M Thibaut, a déclaré qu'il ne lui donnerait point de dot. Sans cela, tu n'aurais pu prétendre à Agathe. Mais comme elle est pauvre et toi aussi, on vous permettra d'être heureux.

FIRMIN.

Oui, ma mère, tout ira bien. Agathe, comme vous savez, est la filleule de madame la comtesse de Gircourt, à qui appartient ce village. Madame de Gircourt m'a promis hier encore de parler pour moi à M. Thibaut. Cette bonne madame de Gircourt, elle m'a dit qu'elle était bien fâchée de n'être pas riche; car, sans cela, elle aurait donné une bonne dot à Agathe. Oh! madame, lui ai-je dit, il ne faut pas vous gêner : je me porte bien, je suis en état de travailler, de nourrir ma mère et ma femme, et encore tous les petits drôles qui pourront venir par la suite augmenter la famille.

MARCELLE.

Madame de Gircourt ne t'a pas menti. Elle n'a pour tout bien que cette terre, qui ne rapporte pas grand'chose; et son fils l'officier mange tous les ans plus que le revenu de la terre. Elle est bien moins heureuse que moi, madame de Gircourt; elle vit loin de son fils, qui ne lui écrit jamais que pour demander de l'argent; je suis toujours avec le mien, et c'est lui qui me nourrit. Mais va te dissiper un peu, mon ami, va voir ton Agathe.

FIRMIN.

Non, ma mère; je suis bien aise de rester ici.

MARCELLE.

C'est que j'ai quelque chose à faire.

FIRMIN.

Quoi donc?

MARCELLE.

Je voudrais aller sarcler ce petit carré de légumes qui est auprès du mûrier.

FIRMIN.

Il est sarclé.

MARCELLE.

Comment cela donc? il ne l'était pas hier au soir.

FIRMIN.

C'est vrai. Mais comme il n'y a rien de plus malsain à votre âge que de se tenir baissée pendant deux heures à arracher de mauvaises herbes, je me suis levé ce matin avant le jour, et j'ai sarclé le petit carré.

MARCELLE, *à part*.

Je m'en étais bien doutée. (*Haut.*) C'est égal, mon ami, va-t'en; j'ai beaucoup filé cette semaine, il faut que je mette mon fil en écheveau : cela ne me fatiguera pas ; et je n'ai pas besoin de toi.

FIRMIN.

Votre fil est en écheveau. J'avais les bras un peu engourdis ce matin d'avoir sarclé dans la rosée ; pour les dégourdir, j'ai dévidé votre fil : ensuite j'ai été chercher notre vache, que ce drôle de vacher n'avait pas ramenée hier au soir du bois. Je l'ai mise dans notre étable ; j'ai donné de la litière fraîche au petit veau ; j'ai fait votre lit, le mien aussi ; la vache a du foin, notre dîner cuit ; vous n'avez rien à faire qu'à vous tranquilliser, et je ne veux pas m'en aller : c'est-il clair cela ?

MARCELLE.

Mais écoute. Je suis un peu fatiguée, et je voudrais dormir : tu ne peux pas dormir pour moi ; et si tu restes, tu me réveilleras.

FIRMIN.

Je ne vous réveillerai point, parce que je vais m'amuser à lire ces fables ; et en lisant des yeux, comme madame fait toujours quand elle se promène, je ne ferai point de bruit.

MARCELLE.

Si fait, si fait.

FIRMIN.

Non, non, ma mère.

MARCELLE.

Nous allons voir; je t'avertis que je dors.

FIRMIN.

Bonne nuit.

MARCELLE, *à part.*

Faisons semblant de dormir, c'est le seul moyen de le faire aller voir son Agathe. (*Elle fait semblant de dormir; Firmin lit et la regarde de temps en temps : après un assez long silence, il se lève, s'approche doucement de sa mère, et dit à voix basse :*)

FIRMIN.

Dors, dors, ma bonne et tendre mère. J'ai tant de plaisir à te voir reposer! Quand j'étais enfant, tu ne me quittais pas; tu veillais sur mon sommeil; il est bien juste qu'à mon tour je veille aussi sur le tien, et que je rende à ta vieillesse tous les soins que tu donnas à mon enfance. Dors, ma bonne mère, dors.

SCÈNE II.

AGATHE, FIRMIN; MARCELLE, *endormie.*

AGATHE.

Bonjour, mon ami...

FIRMIN, *à voix basse.*

Chut donc! Ma mère dort... Ah! c'est toi, ma chère Agathe : que je suis aise de te voir! Mais, parlons bas, je t'en prie.

ACTE I, SCÈNE II.

AGATHE, *à voix basse.*

Est-ce qu'elle est malade, ta mère?

FIRMIN, *à voix basse.*

Non; mais cela fait du bien de dormir; prenons garde de la réveiller. Et toi, comment te portes-tu? Tu es encore plus jolie aujourd'hui qu'hier! Mets-toi là, ne fais pas de bruit, et dis-moi bien doucement si tu m'aimes toujours.

AGATHE, *à voix basse.*

Voilà une bonne question! Est-ce que l'on aime autrement que pour toujours? Mais d'où vient n'es-tu pas venu ce matin?

FIRMIN, *à voix basse.*

Ma bonne amie, je n'ai pas pu; j'ai travaillé pour ma mère.

AGATHE, *haut.*

En ce cas, vous ne m'avez pas regrettée.

FIRMIN, *à voix basse.*

Chut donc!... Oh! si fait; dès que je ne te vois plus, je te regrette.

AGATHE, *à voix basse.*

J'avais tant de choses à te dire! d'abord, notre mariage.....

FIRMIN, *haut.*

Ah! ah! notre mariage....

AGATHE, *à voix basse.*

Chut donc, toi-même!

FIRMIN, *à voix basse.*

J'ai peur que nous ne la réveillions : tiens, ne causons pas ; embrassons-nous, cela fera moins de bruit.

AGATHE, *haut.*

Non pas, s'il vous plaît ; tenez-vous tranquille, ou je vais parler tout haut.

FIRMIN, *à voix basse.*

Paix donc, paix donc ! quel train tu fais ! tu vas réveiller ma mère.

AGATHE, *à voix basse.*

Ecoute donc ce que j'ai à t'apprendre. Tu connais bien M. Giraut, le fermier de ma marraine ?

FIRMIN, *à voix basse.*

Oui ; hé bien ?

AGATHE, *à voix basse.*

Hé bien, il est amoureux de moi.

FIRMIN, *haut.*

M. Giraut est amoureux ?

AGATHE, *à voix basse.*

Paix donc ! quel train tu fais ! tu vas réveiller ta mère. M. Giraut est amoureux de moi, et il est venu ce matin me demander à mon père. Il lui a conté, je ne sais pas quoi, qu'il était déjà bien riche; qu'il le serait bientôt davantage, parce qu'aujourd'hui même ma marraine renouvelle ses baux, et que la ferme est excellente ; enfin il a fait le détail de tous ses journaux de terre, de tous ses quartiers de vignes, pour prouver que je serais heureuse avec lui. Mon père, qui est bon et brusque, comme tu sais, lui a répondu que c'était à moi à régler tous ces comptes-là; il m'a appelée, et m'a dit : Tiens, ma fille, voici encore un épouseur : tu m'as déjà parlé de Firmin, vois celui des deux qui te plaît davantage, ce sera celui-là que je choisirai.

FIRMIN, *à voix basse.*

Ah! l'honnête homme que ce M. Thibaut! Oh! je me doutais bien que M. Giraut ne lui conviendrait pas; il a une trop mauvaise réputation.

AGATHE, *à voix basse.*

J'ai répondu à mon père que, par politesse pour M. Giraut, je ne m'expliquais pas tout de suite, mais qu'avant ce soir il aurait ma réponse. Mon père a dit que c'était bon ; j'ai vite couru t'apprendre ces bonnes nouvelles.

FIRMIN, *à voix basse.*

Combien je te remercie, mon Agathe, ma chère Agathe! Nous serons donc mariés! tu seras donc à moi! et pour toujours encore! Ah, si avec cela ma pauvre mère peut se bien porter, si elle peut vieillir entre nous deux, je ne désirerai plus rien dans le monde, que de voir une petite Agathe qui ait le cœur et le visage de celle-là qui est à moi.

AGATHE, *à voix basse.*

Mon ami, si tu venais dire un petit bonjour à mon père avant qu'il sache que c'est toi que j'ai choisi ?

FIRMIN, *à voix basse.*

Je le veux bien, mais.... c'est que.... Il est vrai qu'elle n'a pas besoin de moi quand elle dort........ et puis........ je serai de retour avant qu'elle soit éveillée.

AGATHE, *à voix basse.*

Oui, oui, viens toujours. (*A Marcelle.*) Bonjour, ma mère; je suis fâchée de m'en aller sans vous embrasser.

FIRMIN, *à voix basse.*

Baise-lui tout doucement la main, et viens vite.

(*Agathe baise la main de Marcelle, et Firmin aussi. Ils s'en vont avec précaution.*)

SCÈNE III.

MARCELLE, *seule.*

Ces pauvres enfans ! que de plaisir j'aurais perdu si je n'avais pas fait semblant de dormir ! Quand mon mari vivait, qu'il me faisait la cour, il y a bien long-temps de cela, je

ACTE I, SCÈNE III.

croyais que rien au monde ne pouvait valoir le bonheur d'être aimée d'un mari tendre et bon : je me trompais, un fils vaut mieux encore. L'amour maternel n'est mêlé d'aucun de ces petits tourmens qui troublent souvent l'autre amour. Point de jalousie, point de défiance. On n'a pas même besoin d'être chérie autant qu'on chérit : on aime son fils, cela suffit ; et quand on est aimée comme je le suis, c'est un surcroit de bonheur que notre âme a peine à soutenir....... Mais que me veut monsieur Giraut.

SCÈNE IV.
MARCELLE, GIRAUT.

GIRAUT.

Dieu vous garde, madame Marcelle. Hé bien, comment va la santé ?

MARCELLE.

Assez bien, monsieur Giraut. Et la vôtre ?

GIRAUT.

Comme cela. Les temps sont bien durs, madame Marcelle.

MARCELLE.

Oui ; les gens riches s'en plaignent beaucoup.

GIRAUT.

Le fils de madame la comtesse tire de temps en temps de petits mandats sur moi qui ne me réjouissent guère. Je n'ose pas m'en plaindre à madame de Gircourt, parce qu'elle est bien vieille, et que, si elle venait à mourir, M. le comte, fâché contre moi, ne me laisserait pas ma ferme : de sorte qu'il faut payer mes quartiers à madame, envoyer de l'argent à monsieur, et, par-dessus tout cela, renouveler mes baux aujourd'hui.

MARCELLE.

Mais cela ne vous coûtera rien de renouveler vos baux.

GIRAUT.

Qu'appelez-vous rien ? ne faut-il pas donner mille écus au factotum de madame, à ce M. Finaut qui fait si fort l'important ? Si je ne lui donnais pas ce pot-de-vin, il serait capable de me faire ôter le bail, et je perdrais alors, non-seulement ma ferme, mais toutes les avances que j'ai faites au fils de madame. Or ces mille écus, il faut les trouver, et voilà justement ce qui m'embarrasse.

MARCELLE.

Je suis bien fâchée de ne pouvoir pas vous les offrir.

GIRAUT.

Oh! ce n'est pas pour cela que je vous en parle : mais vous sentez que, dans une pareille circonstance, on ramasse tout son petit avoir ; et, en cherchant dans de vieux papiers que je n'avais pas encore eu le temps d'examiner depuis trois mois que mon père est mort, j'ai trouvé un petit billet de feu monsieur votre mari, dont il est nécessaire que vous ayez connaissance.

MARCELLE.

Un billet de mon mari, monsieur Giraut ? Mon Dieu ! vous me faites trembler !

GIRAUT.

Rassurez-vous ; ce n'est pas une si grande affaire. Je crois l'avoir sur moi, ce billet.... oui, le voici, tenez : ce n'est pas grand'chose, il ne s'agit que de mille écus.

MARCELLE.

Ah ! mon Dieu ! monsieur Giraut, mille écus !

GIRAUT.

Oui ; c'est venu fort à propos. Car vous voyez que c'est tout juste le pot-de-vin qu'il faut payer à ce fripon de M. Finaut.

MARCELLE, *à part.*

Je n'ai pas une goutte de sang dans les veines. (*Haut.*) Le billet est bien de mon mari; voilà bien son écriture; mais, monsieur Giraut, ce billet est bien ancien, il a trente ans, et vous n'ignorez pas....

.GIRAUT.

Non, non; le billet n'a pas trente ans; diable! ne badinons pas. S'il les avait, il ne vaudrait rien, il y aurait prescription. Mais, à la vérité, il aura trente ans demain. Voilà pourquoi, madame Marcelle, il est indispensable que vous le payiez aujourd'hui.

MARCELLE.

Nous vous le renouvellerons, mon fils et moi; nous engagerons notre maison, notre jardin, tout ce que nous possédons; mais, de grâce, monsieur Giraut, accordez-nous un peu de temps. Vous sentez bien.....

GIRAUT.

Oh! de tout mon cœur; je vous donnerai tout le temps que l'on me donne à moi-même. Ce n'est que ce soir que l'on signe les baux; ainsi, pourvu que vous me remettiez ce soir mes mille écus, je suis content.

MARCELLE.

Hélas! j'ai bonne envie de vous payer, bien bonne envie, je vous assure, et je cours de ce pas chez notre bailli, qui m'a toujours fait amitié. Il a reçu un remboursement ces jours passés ; je vais faire tout au monde pour l'engager à me prêter ces mille écus.

GIRAUT

Allez, je vous attends ici.

MARCELLE.

Ici ?

GIRAUT.

Oui ; cela vous gêne-t-il ?

MARCELLE.

Non ; mais c'est que mon fils va revenir sûrement, et je crains .... Je vous demande en grâce, monsieur Giraut, ne lui parlez de rien : il est si sensible, ce jeune homme ! vous le connaissez...... Et si M. le bailli me prête, je veux lui épargner l'inquiétude ; s'il ne me prête pas, je lui aurai toujours sauvé un petit moment de chagrin.

GIRAUT.

Allez, allez, songez à votre affaire, et apportez-moi les mille écus.

(*Marcelle sort.*)

SCÈNE V.

GIRAUT, *seul.*

Je t'en défie ; car le bailli m'a déjà prêté son argent. Ah, monsieur Firmin, vous vous donnez les airs d'aimer Agathe, et d'en être aimé de préférence à moi ! Vous n'avez pas le sou, et vous plaisez ! C'est trop insolent aussi ; et je suis bien aise de vous donner une petite correction, dont vous vous souviendrez, j'espère. Le voici ; nous allons voir comment il s'en tirera.

SCÈNE VI.

GIRAUT, FIRMIN.

FIRMIN.

Ah ! c'est vous, monsieur Giraut ? Par quel hasard ?..... Mais où est ma mère ?

GIRAUT.

Elle est dans le village.

FIRMIN.

Il ne lui est rien arrivé ?

GIRAUT.

Non ; elle est allée chez le bailli pour une affaire qui me regarde.

FIRMIN.

Je m'en vais la chercher.

GIRAUT

Elle m'a chargé de vous dire que vous l'attendiez ici.

FIRMIN.

Oui ?

GIRAUT.

Oui. Elle a ses raisons.

FIRMIN.

A la bonne heure.

GIRAUT.

Hé bien, monsieur Firmin.....

FIRMIN.

Le bailli est son ami, il ne la laissera pas revenir seule, n'est-il pas vrai ?

GIRAUT.

Eh ! n'ayez pas peur, vous dis-je, et causons en l'attendant.

FIRMIN.

Volontiers, monsieur Giraut, volontiers. Vous avez bien des affaires aujourd'hui : on dit que vous renouvelez vos baux.

GIRAUT.

Que voulez-vous ? chacun a ses petites occupations. Les uns ont une ferme dans la tête, les autres une jolie fille. Celui-ci pense à l'amour, celui-là pense à l'argent. Moi, par exemple, je dois signer aujourd'hui un bail, vous un contrat de mariage : il s'ensuivra que votre soirée sera plus gaie que la mienne.

FIRMIN, *à part.*

Je crois qu'il veut se moquer de moi, voyons un peu à le lui rendre.

GIRAUT.

Que dites-vous ?

FIRMIN.

Je dis que vous renouvelez mes douleurs; car je vois bien que vous voulez me parler de mademoiselle Agathe.

GIRAUT.

Justement.

FIRMIN.

Ah, monsieur Giraut! je suis le plus malheureux des hommes. Le cœur d'Agathe va m'être enlevé, j'ai appris ce matin que j'avais un rival.

GIRAUT.

Qui vous a dit cela ?

FIRMIN.

Une personne qui me dit tout ce qu'elle sait; c'est Agathe elle-même.

GIRAUT.

Et vous l'a-t-elle nommé, ce rival ?

FIRMIN.

Non; mais elle m'a dit que c'était un jeune homme charmant, de la plus jolie figure du monde, aimable, riche, rempli d'esprit, et joignant à tout cela une grâce dans les manières, une douceur dans le parler, une gentillesse dans les propos, une.....

ACTE I, SCÈNE VI.

GIRAUT.

Et vous ne devinez pas qui c'est?

FIRMIN.

Non : j'ai beau chercher dans le village, je ne vois point.....

GIRAUT.

Je m'en vais vous le dire, si vous voulez : c'est moi.....

FIRMIN.

Cela n'est pas possible ; songez donc au portrait qu'on m'a fait.

GIRAUT.

Je vous répète que c'est moi : et votre franchise m'engage à vous ouvrir mon cœur tout entier.

FIRMIN.

Pardi ! je vais donc voir de belles choses.

GIRAUT.

Dites-moi d'abord si vous aimez beaucoup mademoiselle Agathe.

FIRMIN.

Franchement, je ne l'aime pas plus qu'elle ne m'aime ; mais il y a un peu de temps que cela dure. Agathe et moi nous sommes du même âge ; et nous n'étions pas plus hauts que cela, que nous nous appellions mari et femme. Tout ce que j'avais était à Agathe, tout ce qui lui appartenait était à moi ; nous allions à l'école ensemble, et je savais toujours la leçon d'Agathe, comme Agathe savait toujours la mienne : c'était égal au magister, et cela nous faisait plaisir. Enfin, monsieur Giraut, jamais on ne vit d'amitié si tendre; et cette amitié a toujours été en augmentant depuis notre enfance jusqu'à ce matin.

GIRAUT.

Plus elle est vieille, et plus tôt elle doit finir; je crois même que le moment en est arrivé.

FIRMIN.

Vous croyez cela?

GIRAUT.

Oui, et voici mes raisons. J'ai ici un petit billet de feu M. votre père, qui devait mille écus au mien. Par des circonstances trop longues à vous détailler, j'ai besoin de ces mille écus, pour lesquels madame Marcelle est aussi engagée : à l'heure qu'il est, elle cherche dans la bourse de tous ses amis de quoi acquitter cette dette; mais j'ai de fortes raisons de penser qu'elle ne trouvera pas ce qu'il lui faut; et dans ce cas, ce soir même, je fais saisir votre maison, vos meubles, et madame votre mère ira coucher en prison.

FIRMIN.

Que dites-vous?

GIRAUT.

Écoutez jusqu'au bout. Comme je suis votre ami, et que je vous vois tourmenté de l'idée d'avoir un rival et du danger de votre mère, je veux vous délivrer à la fois de ces deux embarras-là : vous n'avez qu'à me céder Agathe, je vous donnerai quittance du billet de votre père, madame Marcelle ne courra plus le moindre péril, et vous n'aurez plus d'inquiétude sur le rival dont vous m'avez parlé. Si ce parti ne vous convient pas, permis à vous de le refuser, et de laisser aller votre mère en prison. Que dites-vous ? vous ne répondez rien ?

FIRMIN.

Hélas ! je respire à peine.

GIRAUT.

Vous êtes troublé. Je veux vous laisser le temps de vous remettre. Je reviendrai dans une heure savoir ce que vous aurez décidé. Mais ne perdez pas de vue l'état de la question : mille écus ce soir, ou Agathe, ou votre mère en prison. Pensez-y ; et, d'après votre réponse, j'épouse Agathe ou je vais chercher les huissiers. Sans adieu, M. Firmin.

(*Il sort.*)

SCÈNE VII.

FIRMIN, seul.

Je demeure immobile de surprise et de douleur. Comment! il faut perdre ma mère ou céder ma maîtresse! Ma mère, à qui je dois tant; ma mère, dont le moindre bienfait est de m'avoir donné la vie! je la verrais à son âge traînée dans une prison, où, sans secours, sans consolation, elle ne mangerait qu'un pain noir, qu'on lui épargnerait encore, et qu'elle tremperait de ses pleurs! Non.... je ne le souffrirai pas; non, grâce au ciel, je ne suis pas capable de le souffrir..... je mourrais plutôt mille fois.... Mais abandonner Agathe! manquer à tant de promesses, à tant de sermens, pour la voir passer dans les bras d'un autre, et la livrer moi-même à mon rival!.... Jamais, non jamais! cet effort est au-dessus de moi. Ma mère, mon Agathe, je ne puis choisir entre vous deux; mon cœur vous chérit également : je sens même, oui, je sens.... Allons vite trouver ma mère, pour qu'Agathe ne l'emporte pas.

FIN DU PREMIER ACTE.

ACTE SECOND.

SCÈNE I.

MARCELLE, FIRMIN.

MARCELLE.

Monsieur Giraut m'avait promis de te cacher notre malheur; il ne m'a pas tenu parole.

FIRMIN.

Je lui en sais gré, ma mère. S'il vous arrivait quelque chose d'heureux, je serais fâché de ne pas l'apprendre; mais je le serais bien davantage d'ignorer un de vos chagrins.

MARCELLE.

Tu ne l'aurais su que trop tôt : il fallait bien finir par te le dire, puisque personne ne peut venir à notre secours.

FIRMIN.

Vous n'avez donc plus d'espérance?

MARCELLE.

Aucune, mon cher ami; tu viens d'entendre toi-même ce que m'ont répondu le père Thomas et la veuve Mathurine. Auparavant, j'avais été chez le bailli; il a prêté son argent. Deux autres de mes anciens amis, à qui même j'ai rendu service autrefois, m'ont reçue à merveille, m'ont fait les offres les plus obligeantes, m'ont embrassée plusieurs fois; mais, quand j'ai parlé des mille écus, leur visage s'est allongé, ils ont cessé de m'embrasser, et, en me conduisant doucement vers la porte, ils m'ont donné mille raisons pour aller m'adresser à leur voisin. Enfin, mon cher enfant, je n'ai plus de ressource, et je n'espère rien que de la pitié de M. Giraut.

FIRMIN.

Cela étant, ma mère, tout est perdu.

MARCELLE.

Non, tout ne l'est pas, puisque le danger ne peut te regarder. Tu n'es pour rien dans tout ceci; tu n'étais pas au monde quand ce malheureux billet fut signé. M. Giraut n'a rien à te demander, et voilà ce qui me console. M. Giraut vendra ma maison, mes meubles, tout ce que je possède; il est le maître. Cela ne suffira pas pour le payer : hé bien, je suis prête à me rendre en prison : mais tu resteras libre, toi! tu épouseras ton Agathe, tu demeureras chez elle, tu seras heureux, et cette idée empêchera ta mère d'être malheureuse. Va, mon fils, j'ai du courage contre un malheur qui ne menace que moi ; et M. Giraut ne peut pas me faire beaucoup souffrir, puisqu'il ne peut te faire du mal.

FIRMIN.

Ma mère, ma bonne mère, comme vous me traitez ! comme vous connaissez mal mon cœur ! Moi libre, tandis que vous seriez dans la captivité ! Moi heureux, quand vous seriez malheureuse ! Et vous pouvez le penser ! et vous pouvez me le dire ! Tenez, ma mère, si je vous le pardonne, c'est la plus grande marque de tendresse que mon cœur puisse vous donner. Ne parlons plus, je vous en prie, ni d'Agathe ni de mariage; occupons-nous de vous, de vous seule; occupons-nous de vous sauver, ou, si nous ne le pouvons pas, parlons du moins de souffrir ensemble.

MARCELLE.

Hélas ! mon ami, malgré mes chagrins, tu me fais verser des larmes de joie : ta tendresse pour ta mère, l'amour si pur et si vrai que tu as pour elle, l'empêcheront toujours d'être malheureuse. Mais comment veux-tu faire ? Giraut demande son argent, nous n'en avons point, et je ne puis en trouver.

FIRMIN.

Avez-vous été chez madame la comtesse ?

MARCELLE.

A quoi bon y aller ? Madame la comtesse elle-même est dans le besoin ; elle a un bon cœur, je le sais ; mais elle est trop pauvre pour pouvoir nous être utile.

FIRMIN, *à part.*

Giraut va venir, il faut éloigner ma mère. (*Haut.*) Allez-y, je vous le conseille, allez-y. Je sais bien qu'elle ne peut vous prêter les mille écus : mais c'est aujourd'hui le renouvellement de ses baux ; Giraut restera sûrement son fermier, et elle peut lui dire un mot en notre faveur ; elle peut l'engager à nous donner du temps. Allez trouver madame la comtesse, parlez-lui d'Agathe ; c'est sa filleule ; elle l'aime, elle m'aime aussi : contez-lui toutes nos peines ; tâchez de l'intéresser pour nous. Que sait-on ? elle vous donnera peut-être quelque conseil : à coup sûr, elle vous plaindra, et cela soulage toujours. Allez au château, ma mère ; moi, pendant ce temps, je chercherai de mon côté les moyens d'engager M Giraut à nous accorder un an ou deux.

MARCELLE.

Tu le veux, mon fils, j'y consens ; mais c'est bien pour le plaisir de faire ce que tu veux, car je n'espère rien de madame la comtesse. Adieu, mon ami ; ne t'éloigne pas, je

ACTE II, SCÈNE I.

t'en prie, ne t'éloigne pas ; je serai bientôt de retour, et j'ai tant besoin d'être avec toi !

(*Elle sort.*)

SCÈNE II.

FIRMIN, seul.

Enfin je respire, et Giraut peut venir, nous serons seuls. Voilà déjà l'effet du malheur : j'ai désiré de voir sortir ma mère ; je lui ai menti pour l'éloigner de moi. Ah! que ces deux efforts-là m'ont été nouveaux et pénibles! Il va donc venir : et que lui dirai-je? Agathe, ma chère Agathe, non, je ne puis vous abandonner; je ne puis consentir à vous livrer à un homme indigne de vous posséder, car, du moins, si vous deviez être heureuse; si j'étais sûr, en renonçant à vous, de demeurer le seul à plaindre, ce serait un motif de consolation ; mais Giraut n'a rien de ce qu'il faut à Agathe ; Giraut n'est pas assez sensible pour devenir un bon mari ; et, en lui cédant ma maîtresse, je rends ma maîtresse malheureuse à jamais. Cette idée est horrible, et fait évanouir tout mon courage. Mais ma mère.... J'entends quelqu'un, c'est Giraut sans doute... Non, c'est M. Thibaut, le père de ma chère Agathe.

SCÈNE III.

FIRMIN, THIBAUT.

THIBAUT.

Bonjour, Firmin; ta mère n'y est pas?

FIRMIN.

Non, monsieur Thibaut; elle est sortie. lui voulez-vous quelque chose?

THIBAUT.

Je voulais lui parler de toi?

FIRMIN.

De moi?

THIBAUT.

Oui, de toi et de ma fille. L'un ne va guère sans l'autre; n'est-il pas vrai?

FIRMIN, *soupirant*.

Ah!

THIBAUT.

Ah! te voilà comme ma fille. Elle ne me répond pas autrement quand je lui parle de toi. Pardi! je serai bien heureux, moi qui aime à causer le soir au coin du feu, quand vous serez mariés ensemble, et qu'assis entre vous deux, j'entendrai des soupirs à droite, et puis des soupirs à gauche : cela fera une jolie conversation!

FIRMIN.

Si j'avais le bonheur d'être le mari de mademoiselle Agathe, je ne soupirerais plus.

THIBAUT.

Je l'espère. C'est de ce mariage-là que je venais parler à ta mère.

FIRMIN.

De mon mariage avec Agathe?

THIBAUT.

Je compte qu'il se fera demain.

FIRMIN.

Demain! demain! monsieur Thibaut, ah! que nous en sommes loin! (*Il soupire.*)

THIBAUT.

Dès demain. Va, je t'assure qu'avec de la patience nous finirons par y arriver. Mais il ne s'agit pas de compter les heures, il est question d'un secret que je venais confier à ta mère, et que je vais te dire à toi, parce qu'au fait c'est toi qu'il intéresse le plus, et que je te crois bon et serviable.

FIRMIN.

Je vous écoute, monsieur Thibaut.

THIBAUT.

Tu sauras que M. Giraut, le fermier de madame la comtesse, est venu me demander ma fille en mariage. Giraut est plus riche que toi; mais je le crois un fripon, et dès-lors son bien est un tort. Tu es pauvre, toi; mais tu es honnête homme, et ma fille t'aime : ainsi il ne te manque de rien. Tu auras donc mon Agathe; je l'ai laissée exprès maîtresse de son choix pour que tu lui en eusses toute l'obligation, et elle tout le plaisir. C'est ce soir que tu seras choisi par elle, et alors......

FIRMIN, *tristement*.

Cela n'est pas sûr, monsieur Thibaut, cela n'est pas sûr.

THIBAUT.

Fais-moi le plaisir de me dire qui pourrait s'y opposer quand Agathe et toi le désirent, que ta mère y consent, et que je le veux bien.

FIRMIN.

Cela ne suffira pas.

THIBAUT.

Non! et qui pourra l'empêcher?

FIRMIN.

Mon malheur.

THIBAUT *le contrefait*.

Ton malheur! En effet, tu es un garçon bien à plaindre! Ma fille ne rêve qu'à toi, elle ne parle que de toi : sitôt que je veux faire l'éloge de quelqu'un, elle cite toujours une bonne qualité de Firmin qui l'emporte sur celle que je loue : ta mère t'adore, moi je t'estime et je t'aime; je laisse ma fille maîtresse de suivre le penchant qu'elle a pour toi ; et quand je t'annonce tout cela, tu prends ce moment pour te plaindre de ton sort ! Morbleu ! ne m'interromps plus, entends-tu, ou je me fâche tout de bon. Où en étais-je ? tu m'as troublé.

FIRMIN.

Ce n'était pas mon intention. Vous me disiez que je serais choisi par Agathe : et puissiez-vous dire vrai !

THIBAUT.

Je ne mens jamais, entends-tu. Ce qui m'a fait le plus de plaisir en toi, c'est de te voir rechercher ma fille, quoique j'aie dit hautement qu'elle n'aurait point de dot, et que j'avais besoin de tout mon bien pour soutenir son frère, que j'ai placé à la ville chez un riche négociant. Mais tu ne sais pas pourquoi j'ai dit cela ? tu ne sais pas pourquoi je n'ai pas voulu donner de dot à ma fille ?

FIRMIN.

Non, monsieur Thibaut.

THIBAUT.

C'est pour son bien ; c'est pour qu'elle en fût plus riche. (*Firmin le regarde.*) Oui, sans doute, tu as beau me regarder. Le plus beau présent que j'aie pu faire à ma fille, a été de ne lui rien donner, parce qu'Agathe, se croyant sans dot, s'en est fait une de sa sagesse, de son économie, de son amour pour le travail; et, si elle avait cru être riche, elle aurait peut-être négligé ce trousseau-là. J'avais encore une autre raison : c'est qu'Agathe, passant pour n'avoir rien, ne pouvait être recherchée que par quelqu'un véritablement amoureux d'elle; et autant je haïrais un gendre qui aurait épousé ma fille pour son argent, autant j'aimerai celui qui ne l'épouse que pour son cœur. Comme je suis sûr à présent que c'est pour cela seul que tu l'épouses, je ne fais pas difficulté de t'avouer que mon projet a toujours été de donner quatre mille francs à ma fille.

FIRMIN, *transporté.*

Quatre mille francs ! monsieur Thibaut, quatre mille francs ! est-il possible ? Ah ! quel bonheur ! quelle joie ! C'est trop, c'est trop de mille francs. Que je suis heureux, monsieur Thibaut ! (*Il lui saute au cou.*) Que je suis heureux ! Oui, j'épouserai votre fille ; oui, cela est sûr à présent ; rien ne peut plus s'y opposer, et l'amour que j'ai pour elle peut seul égaler mon bonheur.

THIBAUT, *étonné.*

Comment donc ces quatre mille francs rendent-ils ma fille plus jolie ?

ACTE II, SCÈNE III.

FIRMIN.

Non, monsieur Thibaut; non, ce n'est pas cela. Oh! mon Dieu non, c'est impossible. Mais si vous saviez quelle joie, quel plaisir me causent ces quatre mille francs!...

THIBAUT, *à part.*

Je le vois bien.

FIRMIN.

Si vous connaissiez à quel point... Et, dites-moi, pouvez-vous me donner cet argent avant ce soir?

THIBAUT.

Avant ce soir?

FIRMIN.

Oh! tâchez, tâchez, monsieur Thibaut, de me rendre ce service. Jamais je n'ai rien désiré avec tant d'ardeur, et vous ne pouvez pas avoir d'idée du plaisir que j'aurai à recevoir ces quatre mille francs.

THIBAUT.

Mais entendons-nous donc. Quand je te fais cette confidence, uniquement parce que je crois que tu n'aimes pas l'argent, tu montres une joie, tu fais éclater des transports qui me font presque repentir de ce que je t'ai dit, et me donnent de l'inquiétude pour ce que j'ai encore à t'apprendre.

FIRMIN.

Parlez, parlez, et ne craignez rien. Allez, mon cœur ne vous est pas connu; ce n'est pas l'argent que j'aime : mais ces quatre mille francs.....

THIBAUT.

Semblent t'avoir tourné la tête. Je l'ai tout prêt, cet argent, et je me faisais un plaisir de le remettre dans tes mains en signant le contrat de ma fille; mais un malheur affreux arrivé à mon fils vient déranger tous mes projets.

FIRMIN.

O ciel!

THIBAUT.

Tu sais que j'ai placé mon fils chez le plus riche négociant de la ville, et que, grâce à sa bonne conduite, il est devenu son caissier; il vient de m'écrire dans le dernier désespoir qu'on a volé dans sa caisse cent cinquante louis dont il est responsable; et il ajoute qu'il mourra de douleur s'il ne peut remplacer cet argent d'ici à demain. Tu juges que mon premier devoir est de sauver l'honneur de mon fils avec la dot de ma fille. Agathe n'y perdra rien par la suite; mais, pour le moment, il ne me reste pas un écu.

ACTE II, SCÈNE III.

FIRMIN, *à part.*

Ma joie n'a pas duré long-temps.

THIBAUT.

Voilà le secret que je venais confier à ta mère; je t'estime assez pour t'en faire part, pour te prier même de partir à l'instant, et d'aller porter à mon fils l'argent que j'avais destiné pour toi.... Tu ne réponds rien.... tu rêves.... Est-ce que tu désapprouves l'emploi que j'en veux faire?

FIRMIN.

J'en suis bien loin, monsieur Thibaut, j'en suis bien loin, et je ferais de même à votre place. Agathe n'a pas besoin de dot : celui qui sera son époux sera trop heureux.

THIBAUT.

Comment! ne t'ai-je pas dit que ce serait toi?

FIRMIN.

Rien n'est plus incertain, malheureusement.

THIBAUT.

Mais tu n'y penses pas, Firmin. Quand je t'ai parlé des quatre mille francs, tu ne doutais pas d'épouser Agathe; et à présent que je suis forcé de disposer de sa dot, tu n'es plus sûr de l'épouser?

9.

FIRMIN, *tristement.*

Ce que vous dites n'est que trop vrai.

THIBAUT *le regarde d'un air mécontent.*

Puis-je du moins compter sur vous pour aller porter cet argent à la ville? elle n'est qu'à une demi-lieue : me rendrez-vous ce petit service?

FIRMIN.

J'y aurais plus de plaisir que vous; mais dans ce moment je ne puis m'éloigner. Ma mère a besoin de moi; elle en a trop besoin, ma pauvre mère. Ce soir ou demain j'irai où vous voudrez.

THIBAUT.

Ce soir ou demain il sera trop tard. Adieu, monsieur Firmin.

FIRMIN.

Vous êtes fâché?

THIBAUT.

Point du tout; je ne me fâche que contre mes amis.

(*Il s'en va.*)

FIRMIN, *le rappelant.*

Monsieur Thibaut! monsieur Thibaut! écoutez-moi, je vous en prie.

THIBAUT, *dans la coulisse.*

J'ai tout entendu.

SCÈNE IV.

FIRMIN, seul.

Il me quitte avec l'air de la colère. Hélas ! il en serait honteux, s'il savait tout ce que je souffre, s'il savait combien il a augmenté mes maux par ce moment d'espérance qu'il m'a donné et ravi sur-le-champ. Quel bonheur c'eût été pour moi de pouvoir délivrer ma mère avec la dot de ma maîtresse ! de sauver ce que j'ai de plus cher par ce que j'aime plus que ma vie ! Ah ! j'aurais été trop heureux ! La fortune ne l'a pas voulu. Tout se réunit contre ma mère ; elle n'a plus que moi, que moi seul... Hé bien, seul je dois lui suffire ; seul je dois lui tenir lieu de tout. Pourvu que la vue d'Agathe ne vienne pas m'affaiblir !... Loin d'elle j'aurai du courage ; mais, si je la revois, je n'en aurai plus.... Voici Giraut ; mon cœur m'abandonne déjà.

SCÈNE V.

GIRAUT, FIRMIN.

Me voici, monsieur Firmin. Je crois vous avoir donné le temps de faire toutes vos réflexions ; je viens chercher votre réponse.

FIRMIN.

Monsieur Giraut, je vous supplie de m'écouter un moment, sans vous fâcher, sans vous ennuyer de ce que je vais vous dire. Je suis bien à plaindre, voyez-vous, et les malheureux parlent longuement.

GIRAUT.

Ne vous gênez pas, j'ai de la patience, et je suis venu pour vous écouter.

FIRMIN.

Vous êtes mon rival, vous désirez de m'enlever Agathe; cela est juste, et je ne vous en fais pas un crime : mais vous ne désirez pas de me voir mourir de douleur; cela ne vous rendrait pas plus heureux, n'est-il pas vrai?

GIRAUT.

Il n'est pas question de votre mort, il est question de me payer ce qui m'est dû, ou de renoncer à Agathe. Voilà le point dont il s'agit; et sur lequel il me faut une réponse positive.

FIRMIN.

Et c'est cette réponse si terrible que je ne puis faire sans mourir.

GIRAUT.

Ne croyez pas cela, monsieur Firmin; si l'on mourait toutes les fois qu'on le dit, il n'y aurait presque plus de vivans dans ce monde.

Moi qui vous parle, j'ai eu de très grands chagrins, et vous voyez comment je me porte.

FIRMIN.

D'abord, il ne faut rien vous déguiser. Je suis certain du cœur d'Agathe, je suis sûr d'en être aimé autant que je l'aime : et vous pouvez compter d'avance que ce sera moi qu'elle choisira pour époux.

GIRAUT.

En ce cas, je n'ai plus rien à vous dire, et c'est madame votre mère seule que cette affaire-ci regarde. Serviteur, monsieur Firmin. *(Il veut s'en aller.)*

FIRMIN, *le retenant.*

Arrêtez, arrêtez, je vous en prie.

GIRAUT.

Il me semble que vous avez tout dit.

FIRMIN.

Vous demandez que je vous cède Agathe; mais réfléchissez que, même en faisant ce que vous voulez, vous n'en serez pas plus heureux.

GIRAUT.

Pourquoi donc, s'il vous plaît? Est-on malheureux d'épouser celle que l'on aime?

FIRMIN.

Oui, quand on n'en est pas aimé.

GIRAUT.

Et voilà positivement le motif de ma haine et de ma conduite envers vous. C'est vous, vous seul, qui m'empêchez d'être aimé d'Agathe, et ce n'est pas la première fois que je vous trouve sur mon chemin; partout où je suis avec vous, on vous cherche et l'on me repousse; aux deux dernières fêtes du village, vous m'enlevâtes le prix de l'arc : je ne vous l'ai pas pardonné. Je vous dis franchement que je vous déteste, que je vous ferai le plus de mal que je pourrai; et, si je ne puis vous chasser du cœur d'Agathe, je me vengerai du moins de vous voir toujours préféré à moi.

FIRMIN.

Mais vous vous en vengez sur vous-même : mais le cœur d'Agathe est à moi, et il m'appartiendra toute la vie. Vous ne connaissez pas ces cœurs-là, monsieur Giraut; c'est un pays qui vous est étranger. Vous ne savez pas qu'Agathe ne vous choisira pour époux que dans le premier moment de colère que lui causera mon feint abandon; que, ce premier moment passé, elle en sera désolée; que son amour pour moi se réveillera plus fort que jamais; que, si elle apprend surtout que c'est pour sauver ma mère que j'ai renoncé à sa main, elle m'aimera cent fois davantage, elle

ACTE II, SCÈNE V.

me regrettera cent fois plus; et l'idée de l'affreux marché que vous m'avez proposé vous ôtera pour jamais sa tendresse, et peut-être son estime. Serez-vous heureux, monsieur Giraut?

GIRAUT.

Je ne suis pas si grand raisonneur que vous, monsieur Firmin; vous passez vos journées à lire tous les beaux livres du château, et vous me répétez ici ce que vous avez lu ce matin. Je ne lis rien, moi, que mon livre de compte; et je n'ai pour me conduire que le bon sens que m'a donné ma mère.

FIRMIN.

Vous avez eu une mère?

GIRAUT.

La belle demande! apparemment.

FIRMIN.

D'après la proposition que vous m'avez faite, je ne l'aurais pas cru.

GIRAUT.

Tout cela et rien, c'est la même chose. Il ne s'agit que de deux partis, c'est que votre mère aille en prison, ou bien que j'épouse Agathe. Voilà sur quoi il faut me répondre. Qu'Agathe ensuite m'aime ou me haïsse, me fasse enrager, ou tout ce qu'il lui plaira, c'est mon affaire, entendez-vous? la vôtre, c'est de vous décider.

FIRMIN.

Mais, monsieur Giraut, vous aimez l'argent, n'est-il pas vrai?

GIRAUT.

L'argent! l'argent a son mérite. Après?

FIRMIN.

Agathe n'a rien; et, pour épouser une fille qui n'a rien, vous perdez encore mille écus. Au lieu de cela, écoutez ce que je vous propose : laissez-moi Agathe, laissez-moi ma mère; et je m'engage à vous servir toute ma vie, je serai votre domestique, le dernier de vos valets. Je labourerai vos champs, j'aurai soin de vos attelages, je ferai l'ouvrage de deux : vous ne me paierez pas. Je suis fort et robuste, je travaille bien, achetez-moi, je me vends à vous.

GIRAUT.

Pardi! je le crois bien : le marché ne serait pas mauvais. Vous vous estimez donc mille écus?

FIRMIN.

Hélas! je ne m'estime rien; et j'estime tout ma mère et Agathe. Laissez-les-moi toutes deux, et employez ma vie entière à tout ce que vous voudrez.

ACTE II, SCÈNE V.

GIRAUT.

Ah çà, finissons tous ces contes-là. Je n'ai pas besoin d'un valet, et j'ai besoin d'une femme. D'abord, Agathe n'est pas si pauvre que vous le dites : je le sais de bonne part. Agathe me convient de toutes façons; et, sans vous, M. Thibaut ne ferait pas difficulté de me la donner. L'amour, l'intérêt, le bon sens m'engagent à employer tous les moyens possibles pour l'emporter sur mon rival; et plus vous aimez votre mère, plus je persiste à vous donner le choix de la voir en prison ou de céder Agathe. Votre réponse, que je m'en aille.

FIRMIN.

Ma réponse?

GIRAUT.

Oui, finissons.

FIRMIN.

Ah ciel!

GIRAUT.

Je vais chercher les huissiers.

FIRMIN.

Un moment..

GIRAUT.

Vous balancez toujours.

FIRMIN.

Ah! je dispute, mais je ne balance pas.

GIRAUT.

Hé bien ?...

FIRMIN.

Hé bien !...

GIRAUT.

Je suis las de tant d'incertitude, et je vais sur-le-champ....

(*Il veut sortir.*)

FIRMIN, *l'arrêtant.*

M. Giraut ! M. Giraut !

GIRAUT, *s'en allant.*

Non, je ne reviens plus....

FIRMIN.

Hé bien !... hé bien !... écoutez... écoutez..

GIRAUT, *s'en allant toujours.*

Non, je n'écoute rien.

FIRMIN.

Agathe... Agathe est à vous.

GIRAUT, *revenant.*

Ah ! voilà parler, cela.

FIRMIN, *pleurant.*

Donnez-moi la quittance de ma mère.

GIRAUT.

Un moment, s'il vous plaît. La voilà toute prête, cette quittance ; mais comment voulez-vous qu'Agathe me croie quand je lui dirai que vous renoncez à elle ? Vous sentez bien qu'il faut que tout soit égal ; et, puisque j'irai dire moi-même à votre mère qu'elle ne me doit plus rien, il faut que vous disiez-vous-même à Agathe que vous ne l'aimez plus.

FIRMIN.

Quoi! vous voudriez...

GIRAUT.

Je veux la raison. Vous convenez vous-même qu'Agathe vous aime, et qu'elle doit vous choisir. Vous seul pouvez l'engager à ne plus vous aimer et à me préférer à vous. Sans cela, vous feriez un marché de fripon, et moi je serais une dupe; et tout l'ordre serait renversé. Venez donc avec moi trouver Agathe; et je ne vous demande autre chose que de lui dire que vous ne l'aimez plus, et que vous consentez à son mariage avec moi.

FIRMIN, *pleurant.*

Jamais, jamais, M. Giraut. J'aurais beau faire un effort, ma langue, malgré moi, lui dirait que je l'aimerai toute ma vie.

GIRAUT.

Alors, malgré moi, je ferai arrêter madame Marcelle. (*Il veut s'en aller.*)

FIRMIN.

Un moment, je vous en conjure; ayez pitié de moi, M. Giraut.

GIRAUT.

Décidez-vous donc.

FIRMIN.

Je vous le promets, je m'engage à renoncer à Agathe. Mais n'exigez pas que je le lui dise moi-même, je n'en n'aurais jamais la force; ne l'exigez pas, M. Giraut. Je vous promets, je m'engage à le lui écrire, et vous porterez vous-même la lettre,

GIRAUT.

Non, non; Agathe voudrait une explication, et cette explication raccommoderait tout. Venez tout à l'heure avec moi dire à Agathe que vous ne l'aimez plus; et sur-le-champ je vais porter ma quittance à votre mère. Si vous refusez.... Mais voici Agathe; ce moment va tout décider : si vous lui faites le moindre signe, si vous lui dites le moindre mot qui puisse lui faire soupçonner ce dont il s'agit; sans rien dire je vous quitte, et je vais faire arrêter votre mère.

FIRMIN.

Ah! du moins, si elle était là pour me soutenir!

SCÈNE VI.

GIRAUT, AGATHE, FIRMIN.

AGATHE.

Ah! je suis charmée de vous trouver ensemble, messieurs; mon père est chez nous, et voici le moment où je dois me décider entre vous deux. Suivez-moi donc, s'il vous plaît, chez mon père, et promettez-moi d'avance que vous n'en resterez pas moins bons amis, quel que soit le préféré.

GIRAUT.

Oh! mademoiselle, il s'est passé bien des choses depuis ce matin.

AGATHE, *gaîment.*

Comment! ne m'aimeriez-vous plus, par exemple? je suis résignée à tous les malheurs.

GIRAUT.

Cette résignation vous sera peut-être nécessaire. Quant à mon amour, il est toujours le même, aussi vif, aussi tendre, aussi constant.

AGATHE, *riant.*

En ce cas-là, que puis-je craindre?

GIRAUT.

Demandez-le à M. Firmin.

AGATHE.

Firmin....... Mais qu'avez-vous donc? d'où vient cet air triste, et ces larmes qui baignent votre visage? que vous est-il arrivé? Parlez, tirez-moi d'inquiétude ; avez-vous quelque chagrin?

FIRMIN.

(*Il dévore ses sanglots, et parle d'une voix tremblante; Giraut a les yeux sur lui, et suit tous ses mouvemens.*)

Non, Agathe, non, je n'ai point de chagrin, il ne m'est rien arrivé.... Mais j'ai une grâce à vous demander, une grâce qui.... me sera chère.... C'est.... (*il regarde Giraut*) c'est d'oublier le malheureux Firmin..... de vivre heureuse, et... d'épouser M. Giraut. (*A part.*) Je n'en puis plus, je me meurs. (*Il veut s'en aller.*)

AGATHE *le retient.*

Que dites-vous! Arrêtez, expliquez-vous; je ne vous comprends point.

GIRAUT.

Mademoiselle Agathe ne vous comprend point. Expliquez-vous plus clairement.

FIRMIN, *faisant effort.*

Hé bien, Agathe, mademoiselle Agathe, vous que.... (*Giraut le regarde, il s'arrête.*) Je ne puis jamais être à vous..... épousez monsieur Giraut.... Je vous rends votre foi. (*Avec un sanglot déchirant.*) Je ne vous aime plus... (*A part.*) Allons retrouver ma mère.

(*Il sort.*)

SCÈNE VII.

AGATHE, GIRAUT.

AGATHE, *stupéfaite.*

Je rêve sûrement, ou je n'ai pas bien entendu.

GIRAUT.

Non, mademoiselle, vous ne rêvez point ; et depuis deux heures que Firmin est avec moi, je puis vous assurer qu'il ne m'a parlé d'autre chose que de la difficulté qu'il trouvait à vous dire ce qu'il vous a dit.

AGATHE.

Comment ! vous étiez dans sa confidence ?

GIRAUT.

Il y a long-temps, mademoiselle ; et, s'il faut ne vous rien déguiser, je ne me suis déclaré votre amant que parce qu'il m'avait avoué que son amour pour vous était passé. (*Agathe le regarde et rêve profondément.*) Firmin est timide naturellement, jamais il n'aurait osé vous avouer son inconstance. Mais enfin, quand il s'est vu au dernier moment, je lui ai conseillé moi-même de ne pas laisser aller les choses plus loin, et de vous épargner l'affront de le choisir pour en être ensuite refusée.

AGATHE, *froidement.*

Je vous en remercie.

GIRAUT.

Puis-je me flatter de quelque espoir, mademoiselle, à présent que vous voilà bien certaine de l'inconstance de Firmin ? Car enfin on ne peut pas en être plus certaine; il vous l'a dit lui-même : et ce n'est pas dans un moment de colère ou de dépit; c'est à l'instant de vous épouser, quand monsieur votre père vous laisse maîtresse de votre choix ; quand il devait tomber à vos genoux pour obtenir votre aveu; c'est dans ce moment-là qu'il vous a bien clairement articulé : Epousez monsieur Giraut, je ne vous aime plus. Vous l'avez bien entendu, n'est-il pas vrai, mademoiselle ?

AGATHE.

Oui.

GIRAUT.

Hé bien, mademoiselle, suivrez-vous ses conseils, et serai-je assez heureux pour vous faire accepter mon cœur, ma ferme et ma fortune ?

ACTE II, SCÈNE VII.

AGATHE.

Monsieur Giraut, ce n'est pas le moment de me faire une pareille question. Je vais retrouver mon père ; ce soir je vous répondrai.

GIRAUT.

Ah ! je vous entends, charmante Agathe, et je suis le plus heureux des hommes. Me permettrez-vous de vous suivre ?

AGATHE.

Non ; j'ai besoin d'être seule.

(*Elle sort.*)

SCÈNE VIII.

GIRAUT, *seul.*

Ne la perdons pas de vue, et allons porter à Firmin sa quittance : c'est le moyen de l'engager davantage à me tenir parole. Je connais la probité de Firmin ; dès qu'une fois il aura reçu cette quittance, il n'osera plus regarder Agathe. Ainsi je ferai tourner à mon avantage jusques aux bonnes qualités de mon rival.

FIN DU SECOND ACTE.

ACTE TROISIÈME.

SCENE I.

AGATHE, THIBAUT.

THIBAUT.

Retourne chez nous, ma fille, je ne ferai qu'aller et venir.

AGATHE.

Mais quelle affaire si pressante vous force d'aller à la ville ? Attendez à demain, mon père ; il est déjà tard ; pour peu que l'on vous retienne, vous reviendrez la nuit : vous savez que je n'aime pas cela.

THIBAUT.

Il est absolument nécessaire que j'y aille aujourd'hui ; mais je n'y serai qu'un instant, et la demi-lieue n'est pas forte. Pendant ce temps tu refléchiras sur le choix que tu dois faire, et tu me diras, à mon retour, lequel de Firmin ou de Giraut tu choisis pour ton mari.

AGATHE, *tristement.*

Jusqu'à ce moment j'étais décidée, mais je ne le suis plus.

THIBAUT.

Voilà donc la cause de ce chagrin que j'ai remarqué sur ton visage. Je n'osais pas t'en parler, parce que je me souviens que les amoureux n'aiment pas les questions ; mais je me suis douté que tu étais brouillée avec Firmin.

AGATHE.

Plût à Dieu que nous fussions brouillés ! cela n'empêche pas de s'aimer, au contraire.

THIBAUT.

Ah ! si vous n'êtes pas brouillés, il devient plus difficile de vous raccommoder. Tu as donc beaucoup à te plaindre de Firmin ?

AGATHE.

Beaucoup, mon père, beaucoup. Firmin n'est plus le même, il n'a plus le même amour; et malheureusement ma tendresse pour lui n'en peut diminuer : je le verrais, je crois, inconstant, que je l'aimerais encore. Tout cela me rend bien malheureuse, et j'aurais grand besoin de conseils.

THIBAUT.

S'il était d'usage que les filles fissent cas de ceux de leur père, je sais bien ce que je te conseillerais.

AGATHE.

Comme vous n'ordonnez jamais, on est

toujours tenté de faire ce que vous dites. Voyons donc comment vous vous conduiriez à ma place.

THIBAUT.

Pour te répondre là-dessus, il faudrait savoir précisément ce que tu reproches à Firmin.

AGATHE.

Ce n'est pas la peine d'entrer dans des détails. Mais supposez que Firmin soit un ingrat, un inconstant, qu'il m'oublie, et qu'il renonce à moi....... nous n'en sommes pas là, au moins, il s'en faut; mais supposez pour un moment que j'aie des raisons de croire à l'inconstance de Firmin, vous décideriez-vous, pour le punir, à épouser M. Giraut?

THIBAUT.

Ces sortes de punitions-là, mon enfant, sont toujours pour celui qui les fait; et cela ressemblerait tout justement à notre voisin Gros-Pierre, qui, pour punir les moineaux qui venaient manger ses cerises, abattit son cerisier. A ta place, je n'épouserais point Giraut.

AGATHE.

Ah! que vous êtes de bon conseil, mon père! je veux suivre aveuglément tous vos avis.

THIBAUT.

Mais je n'épouserais pas non plus Firmin.

AGATHE.

Et pourquoi donc, s'il vous plaît?

THIBAUT.

Pardi! parce que tu dis toi-même qu'il est un ingrat, un inconstant, et que......

AGATHE.

Je ne vous ai pas dit cela, mon père, et je ne l'ai jamais pensé.

THIBAUT.

Non? hé bien, je l'ai pensé pour toi; j'ai eu une assez longue conversation avec Firmin, et il s'en faut que j'en aie été content.

AGATHE.

Une conversation sur moi?

THIBAUT.

Sur toi-même. J'ai commencé par l'assurer que son mariage avec toi était certain; il s'est obstiné à me dire que non; et il m'a toujours répondu là-dessus froidement et tristement.

AGATHE.

Tristement, cela peut être; mais non pas froidement, j'en suis sûre.

THIBAUT.

Je le veux bien, il m'a répondu tristement. Ensuite je lui ai dit que je voulais te donner une dot, et alors il m'a répondu très gaîment, il m'a sauté au cou, et n'a plus douté de t'épouser demain. Après cela, je lui ai confié que, pour des raisons dont je l'ai fait juge, je ne pouvais pas payer la dot le jour même de ton mariage, et il est retombé dans ses doutes et dans sa tristesse. Oh! tout cela m'a paru clair; et j'ai conclu ce qu'un autre aurait conclu à ma place, que Firmin ne t'aime pas.

AGATHE.

Que Firmin ne m'aime pas! Ah, ciel! comment pouvez-vous croire une pareille chose!

THIBAUT.

C'est-à-dire, il t'aime bien quand je te donne une dot; mais, sans la dot, il ne se soucie plus de toi.

AGATHE.

Mais vous l'outragez, mon père; mais gardez-vous bien de penser un seul mot de toutes ces calomnies! et soyez sûr que ceux qui vous l'ont dit vous ont menti.

THIBAUT.

Tu ne m'entends donc pas? C'est Firmin lui-même qui me l'a dit.

AGATHE.

C'est égal, mon père; il a menti. Je connais Firmin; je connais son cœur; et c'est le meilleur, le plus noble, le plus tendre de tous les cœurs. Lui, aimer par intérêt! Eh! depuis que nous nous connaissons, ne sait-il pas bien que j'ai un frère ? Ne sait-il pas que vous avez toujours déclaré vouloir me marier sans me donner de dot ? Est-ce qu'il y a seulement songé ? Est-ce qu'il nous est venu dans la tête, à l'un ou à l'autre, que nous avions besoin d'argent pour être aimables ? Non, mon père, je vous le répète, vous aurez mal entendu, ou il s'est mal expliqué; et Firmin est le plus désintéressé, le plus aimable et le plus honnête des hommes.

THIBAUT.

Voilà ce qui s'appelle bien recevoir un conseil qu'on a demandé ! Explique-moi donc à présent comment, d'après cet éloge, tu peux avoir à te plaindre de Firmin.

AGATHE.

Cela n'empêche pas, mon père. Oui, sans doute j'ai à m'en plaindre; oui, je suis fâchée contre lui, et fâchée peut-être au point que je ne le prendrai pas pour époux : mais en cessant de l'aimer, en le haïssant même, je ne souffrirai jamais qu'on le calomnie devant moi ; je le défendrai toujours, parce que je sais combien il est estimable.

THIBAUT.

Pourquoi donc es-tu tentée de le quitter ?

AGATHE.

C'est différent cela, mon père; cela ne regarde que Firmin et moi. Quand on s'aime, il y a tout plein de petits torts qui n'existent que pour les amans. Ils ont raison de s'en piquer, ils ont raison de les punir; mais tout autre qu'eux n'a pas le droit de juger ces torts-là.

THIBAUT.

C'est pour cela que je te laisse seul juge entre Firmin et Giraut. Tu m'as demandé conseil, je t'ai dit mon avis; tu feras à ta tête: c'est toujours ainsi que cela se pratique; et je ne t'en sais pas mauvais gré. Il se fait tard, je vais me mettre en route.

AGATHE, *l'arrêtant.*

Tout ce que vous m'avez dit de cette dot, et de la joie et de la tristesse de Firmin, me donne un soupçon que je veux éclaircir; et, pour m'en réserver les moyens, je vais de ce pas parler à ma marraine. Adieu, mon père; revenez de bonne heure, je vous le recommande, et embrassez mon frère pour moi.

(*Elle sort.*)

SCÈNE II.
THIBAUT, seul.

Elle est toujours folle de son Firmin, et je suis sûr qu'elle l'épousera. A la bonne heure! Moi-même j'ai approuvé son choix jusqu'à la conversation de ce matin...... Et peut-être me suis-je trompé, peut-être me suis-je pressé de juger trop sévèrement Firmin. A mon âge on est défiant; et dès que l'on est vieux, on croit facilement le mal. Au fait, c'est pour elle que ma fille se marie; il est plus important que son mari lui plaise qu'à moi. Je lui ai dit ce que je devais lui dire : elle n'est pas de mon avis; c'est à son père d'être du sien.... Voici Firmin, évitons-le, et allons au secours de mon pauvre fils.

(Il va pour sortir.)

SCÈNE III.
MARCELLE, FIRMIN, THIBAUT.

(Firmin arrive donnant le bras à sa mère; il voit M. Thibaut, il l'appelle.)

FIRMIN.

Monsieur Thibaut! monsieur Thibaut!

THIBAUT, *s'en allant.*

Je n'ai pas le temps; je suis pressé.

(Il sort.)

SCÈNE IV.

MARCELLE, FIRMIN.

FIRMIN, à part.

Il est fâché contre moi. Tout se réunit pour m'accabler...

MARCELLE.

Plus j'y pense, mon cher ami, plus je suis étonnée de la bonne nouvelle que tu es venu m'annoncer. Comment est-il possible que M. Giraut se soit montré généreux ?

FIRMIN.

C'est un bonheur qui m'a étonné moi-même. Mais il s'agissait de vous, de votre repos, de votre liberté; et ma tendresse, ma crainte, ma douleur, m'ont fait si bien parler, m'ont rendu si pressant, que M. Giraut n'a pu résister. Nous sommes convenus de quelques arrangemens qui l'ont satisfait, et il ne doit pas tarder à vous apporter votre quittance.

MARCELLE.

La joie que j'éprouve, mon cher fils, est doublée par le plaisir de t'en avoir l'obligation, et je te la dois toute entière. Sans toi, sans toi seul, je perdais ma liberté; et, je ne crains pas de te l'avouer à présent que le péril est passé, j'aurais aussi perdu la vie; car je n'aurais jamais consenti que tu me suivisses en prison; et tu juges bien qu'à mon âge, accablée comme je le suis par les ans, par les infirmités, je n'aurais pu supporter une prison où je n'aurais plus vu mon fils. Non, mon enfant, je serais morte à l'instant où l'on nous aurait séparés. Et c'est toi qui m'as sauvée! C'est à toi que je dois la vie! Je sens qu'elle m'en est plus chère; je sens que j'aurai du plaisir à te dire tous les matins : Je te dois encore ce jour-ci, et je vais l'employer à t'aimer.

FIRMIN.

Ah, ma mère! quelle douce satisfaction vous me faites éprouver! quel calme vous portez dans mon âme! Je n'ai rempli que mon devoir; mais votre reconnaissance, votre tendresse, votre amour me prouvent qu'aucun bien au monde ne peut valoir le bonheur de servir et d'aimer sa mère.

MARCELLE.

Explique-moi, je te prie, comment tu as pu venir à bout d'une chose si difficile, et quels sont les arrangemens que tu as faits avec Giraut.

FIRMIN.

N'en parlons plus, je vous en prie. Cette malheureuse histoire nous a donné assez de chagrin. Oublions-la, je vous le demande.

Giraut est content, vous êtes tranquille; tout le reste est inutile à savoir.

MARCELLE.

Tu redoubles mes alarmes en refusant de m'expliquer les conventions que tu as faites. Je connais ta tendresse, mon fils; je suis sûre que tu t'es engagé pour moi, et que par la suite... Si je le croyais, vois-tu, j'irais tout à l'heure....

FIRMIN.

Ecoutez, ma mère, vous savez bien que je ne vous ai jamais menti; hé bien, je vous proteste, je vous jure que tous les engagemens que j'ai pris avec Giraut sont remplis, que jamais Giraut ne pourra rien me demander, que je ne cours pas le moindre péril, et qu'il est impossible que je devienne jamais plus malheureux..... que je ne le suis. (*Il pleure et cache ses larmes.*)

MARCELLE.

Mais d'où vient donc cette tristesse que tu veux en vain me cacher, et que je lis malgré toi sur ton visage?

FIRMIN, *essuyant ses yeux.*

Moi, ma mère, je ne suis point triste.

MARCELLE, *le regardant.*

Tu n'es pas triste?

ACTE III, SCÈNE IV.

FIRMIN, *s'efforçant de sourire.*

Au contraire, je vous ai sauvée, je suis trop heureux.

(*Il fond en larmes.*)

MARCELLE.

Tu es heureux, et tu pleures! Tu pleures, mon fils, mon cher fils! Ah! tu me caches quelque malheur! tu me trompes, j'en suis certaine. Mon fils, mon cher enfant, je te supplie au nom du ciel, au nom de ma tendresse, dis-moi la cause de ton chagrin, dis-la-moi, Firmin; je suis si pressée de m'affliger avec toi! Eh quoi! tu ne me réponds pas? j'ai donc perdu ta confiance! Si cela est, reprends tes bienfaits, j'aime mieux y renoncer; j'aime mieux aller en prison que de ne pas partager la moindre douleur de mon fils.

FIRMIN.

Ma mère, c'est vous seule, c'est votre tendresse qui me fait pleurer. Je n'ai point de chagrin, je vous assure; et...

MARCELLE.

Tu ne sais pas mentir, Firmin, et c'est en vain que tu l'essaies : songe que mon cœur parle toujours au tien, et que ces deux cœurs-là ne peuvent se tromper.

FIRMIN.

Hé bien, ma mère, je vais tout vous dire...

(*A part.*) Cachons-lui du moins ce qui l'intéresse.

MARCELLE.

Hé bien?

FIRMIN.

Hé bien...... Je suis brouillé avec Agathe; voilà la cause de mon chagrin.

MARCELLE.

Je respire; c'est un malheur qui pourra se réparer.

FIRMIN.

Non, ma mère, c'est fini; je ne la reverrai jamais, jamais.

MARCELLE.

Jamais, en langage d'amoureux, signifie dans un quart d'heure. Dis-moi seulement si c'est toi qui as tort.

FIRMIN.

Oui, ma mère, c'est moi qui ai tout le tort.

MARCELLE.

Tant mieux, cela se raccommodera plus vite, et ce sera moi qui m'en chargerai. Je vais aller trouver Agathe; je vais lui demander pardon pour toi, lui dire que tu l'adores; lui peindre...

FIRMIN.

Que dites-vous, ma mère? vous voulez....

ACTE II, SCÈNE IV.

MARCELLE.

Oui, je veux te rendre au bonheur; sois tranquille, je te réponds d'apaiser Agathe. Est-ce que tu crois que je ne connais pas toutes ces petites querelles? Je m'en souviens encore, mon ami, et je veux employer pour toi toute l'expérience qu'une vieille femme a toujours là-dessus. Laisse-moi, laisse-moi aller parler à Agathe, j'aurai du plaisir à m'acquitter en partie de tout ce que je te dois; tu as arrangé mes affaires avec Giraut, je vais arranger les tiennes avec Agathe; attends-moi, je ne tarderai pas.

(*Elle veut sortir,* FIRMIN *la retient.*)

Arrêtez, ma mère, arrêtez, Gardez-vous bien d'aller rien dire à Agathe! vous me causeriez la plus mortelle douleur. Agathe ne m'aime plus, puisqu'il faut vous le dire : Agathe me préfère un rival; ce soir même elle doit l'épouser. Je ne veux de ma vie revoir Agathe, je souffre même d'en parler; et si vous vouliez me faire plaisir, nous changerions de conversation.

MARCELLE.

Et tu me disais que c'était toi qui avais tort?

FIRMIN.

Hé oui, ma mère, j'ai eu tort dans le principe.... et ensuite.... il est arrivé.... Mais, au nom du ciel, ne parlons plus de tout cela, vous me faites souffrir le martyre.

MARCELLE.

Hé bien, mon fils, pardon, pardon, je ne t'en dirai plus rien, je ne t'en parlerai plus... Hélas! mon Dieu! qui l'aurait cru de cette petite Agathe, qui avait l'air de t'aimer tant, qui me disait encore hier que, si tu changeais jamais, elle était sûre d'en mourir?.. Pardon, encore une fois, ne te fâche pas, mon ami, ne te fâche pas, voilà qui est dit; mais je ne puis m'empêcher de pleurer en songeant que cette perfide... Allons, allons, voilà qui est fini, je ne parlerai plus de rien.

FIRMIN.

Pardonnez-moi, ma mère, il faut me parler de vous; il faut me dire, pour me consoler, que vous m'aimez, que vous êtes heureuse, que votre tendresse me rendra tout ce que je perds dans celle d'Agathe; il faut m'entretenir de ma mère, voilà le moyen de me faire oublier mes maux.

MARCELLE.

Pauvre enfant! Eh! que te dirais-je que tu ne saches pas déjà? Plût à Dieu que je pusse te rendre tout ce que tu as perdu! Je n'en désespère pas encore; et, malgré ta résistance, je veux tout à l'heure aller trouver Agathe. Je suis sûre de la ramener à toi. Laisse-moi, laisse-moi sortir.

(*Elle fait des efforts pour s'en aller.*)

FIRMIN.

Non, ma mère, non, je ne le souffrirai pas. D'ailleurs voici l'instant où M. Giraut doit vous apporter sa quittance; il faut que vous y soyez pour la recevoir.

MARCELLE.

Que me font M. Giraut et sa quittance, et tout ce qui ne regarde que moi? C'est ton bonheur qui peut me rendre heureuse, et je veux aller essayer...

FIRMIN.

Voici M. Giraut. Ma mère, au nom du ciel, ne parlez de rien de ce que je viens de vous dire; vous me mettriez au désespoir.

SCÈNE V.

MARCELLE, FIRMIN, GIRAUT.

GIRAUT, *bas à Firmin.*

Je suis de parole, comme vous voyez. (*Haut, à Marcelle.*) Bonjour, madame Marcelle : votre fils vous a dit sans doute que nous nous étions arrangés.

MARCELLE.

Oui, monsieur Giraut; mais il n'a jamais

voulu me dire quels moyens vous avez pris ensemble ; et je vous avoue que cela m'inquiète.

GIRAUT.

Allez, allez, madame Marcelle, ne soyez inquiète de rien ; pour vous prouver que jamais je ne veux revenir là-dessus, je vous apporte votre billet. (*A Firmin, à part.*) Vous voyez jusqu'à quel point je compte sur votre parole.

FIRMIN.

Jamais je n'y ai manqué.

GIRAUT.

Le voilà, madame Marcelle. (*Il le lui donne.*)

MARCELLE.

Mais, je vous demande en grâce, monsieur Giraut, de m'expliquer à quelles conditions mon fils l'a pu obtenir de vous.

GIRAUT.

A quelles conditions ? (*Il regarde Firmin.*)

FIRMIN, *bas à Giraut.*

Inventez quelque moyen, et cachez-lui le véritable.

GIRAUT.

Tenez, madame Marcelle, il ne faut pas vous tromper : votre fils et moi, en nous promenant, nous avions trouvé un trésor, sur lequel chacun de nous avait des droits. Firmin me cède ses droits sur le trésor; et, pour le posséder tout seul, je lui ai remis votre créance.

MARCELLE.

Tout cela ne me paraît pas clair; et j'ai de la peine à prendre ce billet, tant que je ne sais pas précisément.....

SCÈNE VI.

FIRMIN, GIRAUT, MARCELLE, AGATHE, THIBAUT.

AGATHE.

Bonjour, madame Marcelle : vous nous permettrez bien, à mon père et à moi, de venir demander à votre fils une dernière explication nécessaire à mon repos, et d'après laquelle je dois décider mon mariage. Vous savez peut-être ce qui s'est passé.

MARCELLE.

Oui; je le sais, je le sais, mademoiselle; et je ne conçois pas comment, après l'avoir trahi, après avoir manqué à toutes les promesses, à tous les sermens que vous lui avez faits, vous venez jusque chez lui faire parade de votre inconstance, et chercher de mauvaises raisons pour répéter que vous ne l'aimez plus.

AGATHE.

Que je ne l'aime plus! ô ciel! Et c'est lui qui me l'a dit : c'est lui qui m'a déclaré qu'il renonçait à ma main, qu'il ne voulait plus de mon cœur; c'est lui qui, sans raison, sans sujet, sans brouillerie, est venu me rendre ma foi, et a eu le courage et la cruauté de me dire que son amour pour moi était passé. Mais je ne l'ai pas cru lui-même; et c'est la première fois que j'ai douté de ce que Firmin m'a dit. (*Firmin veut parler.*) Oui, Firmin, vous avez menti, j'en suis sûre; et il faut qu'un puissant motif vous ait forcé à ce mensonge; il faut que, par une cause inconnue que je ne puis pénétrer, Firmin, le fidèle Firmin, qui m'a toujours aimée, qui m'adore plus que jamais, se soit vu obligé de dire qu'il renonçait à son Agathe. Ce qui me le prouverait, quand mon cœur ne me le dirait pas, c'est que, connaissant mon mépris pour l'amour de M. Giraut, il m'a conseillé de l'épouser.

MARCELLE, *vivement.*

Giraut vous aime, et mon fils vous conseille de l'épouser! Ah, ma fille! ce seul mot m'éclaire; et je vais t'expliquer tout ceci. Je dois mille écus à M. Giraut : il fallait les payer aujourd'hui ou être arrêtée. Mon fils a sacrifié sa maîtresse à sa mère; je suis sûre que, pour me sauver, pour obtenir la quittance des mille écus, mon fils a cédé ton cœur; j'en suis certaine; le mien me le dit. Viens, mon enfant, mon cher enfant, viens te jeter dans mes bras. Eh! crois-tu que j'accepte tes dons? Mon fils, mon cher fils, depuis quand penses-tu que tu ne m'es pas plus cher que moi-même? Monsieur Giraut, voilà votre quittance, faites tout ce que vous voudrez.

AGATHE, *prenant le papier.*

Que je suis heureuse! et que je lui sais gré de tout ce qu'il m'a fait souffrir! Firmin, dès ce moment, je vous aime cent fois plus que je ne vous aimais; et recevez ici le serment que je vous fais devant M. Giraut, de vous adorer jusqu'à mon dernier soupir.

GIRAUT.

Tout cela est charmant, mais il me faut mon billet ou mon argent.

AGATHE.

J'espère que je vais tout arranger. Lorsque Firmin m'a dit en pleurant qu'il ne m'aimait plus, je me suis bien doutée que vous étiez pour quelque chose dans cet affreux mystère; et, sans pouvoir le pénétrer, j'ai été me jeter aux pieds de madame la comtesse, ma marraine. Je savais que c'est aujourd'hui que devait se faire l'adjudication de sa ferme; je la lui ai demandée pour moi-même, et je l'ai obtenue.

GIRAUT.

Comment ?

AGATHE.

Oui, monsieur Giraut, c'est moi qui suis fermière de madame la comtesse.

GIRAUT.

Mais je ne pressais tant madame Marcelle pour les mille écus qu'elle me doit qu'afin de les donner à l'intendant de madame, pour qu'il me fît continuer mon bail.

AGATHE.

Hé bien, donnez-les-moi, je vous cède le mien. Madame Marcelle sera quitte avec vous, vous resterez fermier, j'épouserai Firmin, et tout le monde sera content.

THIBAUT.

Non, tout le monde ne le serait pas. Je vous écoute tous, et je vous admire; chacun de vous fait son devoir, heureusement je puis faire le mien aussi. Voici quatre mille francs que je t'avais destinés, ma fille, et qu'un malheur affreux arrivé à ton frère me forçait de lui porter aujourd'hui. Firmin était dans mon secret. Comme j'allais à la ville, j'ai trouvé mon fils en chemin qui venait m'instruire que son voleur était pris, et l'argent restitué. Je

ACTE III, SCÈNE VI.

t'ai bien vite rapporté le tien. Voilà ta dot, ma fille; paie-lui son billet, garde ta ferme, et qu'il demeure puni de l'infâme marché qu'il avait fait avec Firmin.

AGATHE.

Mon père, c'est à vous de régler tout cela, c'est à vous de le punir; car, pour moi, je ne puis en vouloir à M. Giraut, et je lui pardonne de tout mon cœur d'avoir rendu mon amant le plus vertueux et le plus aimable de tous les hommes.

THIBAUT, *à Giraut*..

Tenez, monsieur, payez-vous.

GIRAUT, *prenant l'argent*.

Cela n'est pas si pressé; mais enfin..... je suis charmé que tout ceci ait tourné à la satisfaction de tout le monde. S'il faut vous avouer la vérité..... c'était une petite épreuve à laquelle j'ai voulu mettre la vertu de ces deux jeunes époux, qui sont tout-à-fait intéressans. (*Il s'en va.*)

THIBAUT.

N'oubliez pas de me rapporter mon reste;. et vous, mes enfans, venez tous, venez chez moi, où mon fils semble être arrivé exprès pour assister à vos noces.

FIRMIN.

Ah! M. Thibaut, ma chère Agathe, et

vous, ma bonne mère, j'éprouve une joie, un bonheur que tous mes chagrins n'ont pas trop payés.

MARCELLE.

Sois heureux, mon fils, sois heureux, tu le mérites si bien ! Puisses-tu être récompensé de ta vertu par un fils qui te ressemble !

FIN DU BON FILS.

MYRTIL ET CHLOÉ,
PASTORALE.

A M. GESSNER.

Mon maître et mon ami,

Je désirais depuis long-temps de vous dédier un ouvrage. Pour être sûr qu'il eût un mérite, j'en ai pris le sujet dans les vôtres : j'ai fait un petit drame d'une de vos idylles. Je n'ai pu y mettre votre grâce ni votre douceur ; mais que m'importent des défauts que votre indulgence ne verra point ? Le public, qui n'est pas bon comme vous, les verra : pour le dédommager, je lui fais relire votre idylle, en la plaçant à la tête de mon petit drame. Elle y gagnera; tant mieux. N'ai-je pas assez gagné, moi, en vous donnant un témoignage de mon respect, en osant vous appeler mon ami? D'ailleurs puis-je égaler mon maître?

Je suis avec un attachement égal à mon admiration,

Votre très humble et très obéissant serviteur,
FLORIAN.

Mirtil et Chloé

A. Borel, inv. del. 1789. L. Petit, Sculp.

MYRTIL ET CHLOÉ,
IDYLLE
DE M. GESSNER.

De grand matin Myrtil, sortant de la cabane, trouva Chloé, sa plus jeune sœur, occupée à tresser des guirlandes de fleurs. La rosée brillait sur toutes les fleurs, et à la rosée se mêlaient les larmes de la petite Chloé.

MYRTIL.

Chère Chloé, que veux-tu faire de ces guirlandes? Hélas! tu pleures.

CHLOÉ.

Et ne pleures-tu pas toi-même, cher Myrtil? Mais qui ne pleurerait comme nous? L'as-tu vue, notre mère? Dans quelle tristesse elle est plongée! Comme, avant de nous quitter, elle pressa nos mains dans les siennes, en détournant de nous ses yeux baignés de larmes!

MYRTIL.

Je l'ai vue comme toi. Hélas! notre père... sans doute, il est plus mal encore qu'il n'était hier.

IDYLLE

CHLOÉ.

Ah, mon frère! s'il doit mourir! Comme il nous aime, comme il nous embrasse, lorsque nous faisons ce qu'il aime, ce qui plait aux dieux!

MYRTIL.

O ma sœur! comme tout est triste! En vain mon agneau vient me caresser; j'oublie presque de lui donner à manger. En vain mon ramier voltige sur mes épaules, et cherche à me béqueter les lèvres et le menton; rien, non, rien ne saurait me rappeler à la joie. O mon père! si tu meurs, je veux mourir aussi.

CHLOÉ.

Hélas! il t'en souvient; ce bon père, il y a cinq jours qu'il nous prit tous deux sur ses genoux, et qu'il se mit à pleurer.

MYRTIL.

Oui, Chloé, il m'en souvient. Comme il nous remit à terre, comme il devint pâle! Je ne peux plus vous tenir, mes enfans; je me trouve mal... très mal. A ces mots il se traîna dans son lit. Depuis ce jour il est malade.

CHLOÉ.

Et depuis ce jour son mal a toujours augmenté. Écoute, mon frère, quel est mon dessein. Dès l'aube du jour je suis sortie de la cabane pour cueillir des fleurs nouvelles, et pour en faire ces guirlandes. Je vais les porter au pied de la statue de Pan. Notre mère ne dit-elle pas toujours que les dieux sont bons, que les dieux aiment à exaucer les vœux de l'innocence? J'irai, j'offrirai ces guirlandes au dieu Pan. Et vois-tu dans cette cage tout ce que j'ai de plus cher, mon petit oiseau? Hé bien, je veux l'immoler encore au dieu.

MYRTIL.

O ma chère sœur! je veux aller avec toi.... Je te prie, attends un instant. Je vais chercher ma corbeille, elle est pleine des plus beaux fruits; et mon ramier, je veux aussi l'immoler au dieu Pan.

Il courut, et fut bientôt de retour. Alors ils allèrent ensemble au pied de la statue. Elle était située non loin de là, sur une colline, au milieu des sapins les plus touffus. Là, s'étant mis à genoux, ils invoquèrent ainsi le dieu des champs :

CHLOÉ.

O Pan! protecteur de nos hameaux, écoute favorablement nos prières, reçois nos faibles offrandes. C'est tout ce que des enfans peuvent t'offrir. Je pose ces guirlandes à tes pieds; si je pouvais atteindre plus haut, j'en voudrais couronner ton front, j'en voudrais ceindre tes épaules. Sauve, ô Pan! sauve notre père, rends-le à ses pauvres enfans!

MYRTIL.

Je t'apporte ces fruits; ce sont les plus beaux que j'aie pu cueillir dans nos vergers : reçois-les favorablement. Je t'aurais sacrifié la plus belle chèvre du troupeau; mais elle aurait été plus forte que moi. Quand je serai plus grand, je t'en sacrifierai deux toutes les années pour avoir rendu notre père à nos vœux. Rends, ô dieu secourable! rends la santé au meilleur des pères!

CHLOÉ.

Je vais t'immoler cet oiseau, ô dieu secourable! c'est tout ce que j'ai de plus cher. Regarde, il vole sur ma main pour me demander sa nourriture; mais je veux, ô Pan! je veux te l'immoler.

MYRTIL.

Et moi, je vais t'immoler ce ramier. Il se joue, il me caresse; mais je veux, ô Pan, je veux te l'immoler pour que tu nous rendes notre père. Exauce, ô Pan, exauce nos vœux!

Déjà leurs petites mains tremblantes saisissaient les victimes, lorsqu'une voix se fit entendre : Les dieux aiment à exaucer les vœux de l'innocence : aimables enfans, n'immolez point ce qui fait vos délices, votre père est rendu à la vie.

Et Ménalque recouvra la santé. Heureux de la piété de ses enfans, il alla ce jour même, avec toute sa famille, offrir un sacrifice au dieu. Il vécut comblé de bénédictions, et vit les enfans de ses enfans.

N. B. C'est de cette charmante idylle qu'on a tiré le sujet de la pastorale suivante. Mais, comme il n'est jamais permis de copier, on y a fait plusieurs changemens, dont le plus considérable est de n'avoir pas rendu Myrtil et Chloé frère et sœur.

PERSONNAGES.

Myrtil, berger, âgé de 13 ans.
Chloé, bergère du même hameau, âgée de 12 ans.
Lysis, prêtre de l'Amour, âgé de 14 ans.
Un plus jeune Prêtre, suivant de Lysis.

MYRTIL ET CHLOÉ,

PASTORALE.

Le théâtre représente un bocage ; le temple de l'Amour se voit dans le fond. L'aurore commence à paraître. Myrtil et Chloé entrent par les deux côtés opposés. Myrtil porte dans ses mains un nid de tourterelles ; Chloé une houlette garnie de fleurs.

SCÈNE I.

MYRTIL, CHLOÉ.

MYRTIL.

Quoi ! ma bonne amie, vous êtes déjà levée ? Et où allez-vous si matin ?

CHLOÉ.

J'allais vous chercher, mon bon ami. Il y a bien long-temps que nous nous sommes quittés hier au soir.

MYRTIL.

Ah, la belle houlette ! je ne vous l'avais jamais vue. Qui vous l'a donnée, Chloé ?

CHLOÉ.

C'est un secret, Myrtil. Ah ! les jolis oi-

seaux ! vous ne m'aviez pas enseigné leur nid.
À qui les donnerez-vous, Myrtil ?

MYRTIL.

C'est un secret, Chloé.

CHLOÉ.

Vous regardez bien cette houlette !

MYRTIL.

Vous regardez bien ces tourterelles !

CHLOÉ.

Allons, mon ami, je vais tout vous dire.

MYRTIL.

Moi, je ne vous cacherai rien.

CHLOÉ.

C'est pour vous.

MYRTIL.

C'est pour vous.

CHLOÉ.

Depuis plus d'un mois, je travaille en cachette à découper avec mon couteau l'écorce de cette houlette. Le bois est bien dur, ma main est bien faible ; et, comme je travaillais pour vous, je n'ai jamais voulu que personne m'aidât. Voilà pourquoi, mon ami, l'ouvrage a été si long. Et puis, c'est que j'ai gravé tout au haut de la houlette la première lettre de votre nom : c'est la seule que je sache écrire. Hier au soir, tout a été fini ; je n'ai pas dormi de plaisir. Dès que le chant de l'a-

SCÈNE I.

louette m'a avertie qu'il faisait jour, je me suis levée, j'ai cueilli des fleurs pour en orner la houlette; j'allais la poser à la porte de votre cabane, et me cacher parmi les églantiers qui sont tout près. Mais j'ai beau me lever matin, Myrtil est plus matinal; j'ai beau vouloir lui cacher quelque chose, il sait toujours mes secrets aussitôt que moi.

MYRTIL.

Et moi, depuis plus de quinze jours j'ai découvert ce nid de tourterelles dans le petit bois de la colline; mais les tourterelles l'avaient placé tout au haut d'un jeune chêne dont la tige était trop faible pour me porter. Je ne pouvais pas y monter, je ne pouvais m'aider d'aucun arbre voisin, et je risquais, en pliant le jeune chêne, ou de le casser, ou d'effrayer les tourterelles, ou de faire tomber les petits.

CHLOÉ.

Comment avez-vous donc fait, mon ami?

MYRTIL.

J'ai attaché le bout de ma fronde à la tige du jeune chêne, aussi haut que mes deux mains ont pu atteindre; ensuite j'ai noué l'autre bout à la racine d'un arbre voisin, et chaque jour j'allais resserrer le nœud en raccourcissant le lien; chaque jour insensiblement le nid s'est approché de moi sans que l'arbre ait cassé, sans que les tourterelles s'en soient aperçues. Pendant ce temps, les petits ont grandi, et mon espérance avec eux. Enfin, ce matin, le nid est arrivé à la hauteur de mon visage, et j'ai vu les deux tourtereaux qui ouvraient le bec, en croyant que j'étais leur mère. J'ai vite enlevé le nid ; j'allais le poser à la porte de votre cabane, sur ce petit lilas que nous plantâmes ensemble il y a un an. Mais je ne peux jamais réussir à vous surprendre, Chloé ; et, comme je vous cherche toujours, je vous rencontre partout.

CHLOÉ.

Hé bien, mon ami, faisons tout comme si nos projets avaient réussi. Prenez cette houlette, et donnez-moi vos tourterelles.

(*Myrtil donne les oiseaux, et reçoit la houlette.*)

MYRTIL, *regardant la houlette.*

Ah ! qu'elle est belle, Chloé ! tous les bergers vont me l'envier ; et moi je leur dirai : Vous l'envieriez bien davantage si vous saviez qui me l'a donnée.

CHLOÉ, *caressant les tourterelles.*

Vos tourterelles sont charmantes, mon ami ; elles sont blanches comme ces lis que vous me donnâtes l'autre jour, et elles sont douces comme vous.

SCÈNE I.

MYRTIL.

Ma bonne amie, promettez-moi que vous les garderez toujours.

CHLOÉ.

Oh! de tout mon cœur! Mais il faut me promettre aussi que vous ne quitterez jamais ma houlette.

MYRTIL.

Ecoutez : voilà le temple de l'Amour ; venez y recevoir ma promesse, et me donner la vôtre.

CHLOÉ.

Non, Myrtil ; ma mère m'a défendu d'entrer dans ce temple, à moins qu'elle ne m'y conduisît. Je ne veux point désobéir à ma mère.

MYRTIL.

Vous avez raison, Chloé ; j'aimerais mieux mourir aussi que de déplaire à mon père. Mais, sans entrer dans le temple, nous pouvons nous mettre à genoux ici, et nous jurer devant l'Amour, qui nous entendra bien de là-bas, que jamais ces doux présens ne sortiront de nos mains.

CHLOÉ.

Je le veux bien : mais il ne faut pas jurer ; nous ne sommes pas assez grands pour cela.

Promettons, c'est assez pour que nous soyons tranquilles.

MYRTIL.

A la bonne heure. Ecoutez-moi bien, Chloé; puis vous direz comme moi.

CHLOÉ.

Peut-être.

(Myrtil se met à genoux, en se tournant un peu vers le temple de l'Amour.)

MYRTIL.

Tendre Amour, roi de la nature, (*bas à Chloé*) c'est comme cela qu'il s'appelle, (*haut*) rendez Myrtil le plus infortuné des bergers s'il quitte un seul moment cette belle houlette. Je suis encore trop enfant pour posséder un troupeau, cette houlette est mon seul trésor; quand je serai grand, mon père m'a promis douze chèvres, cette houlette les conduira; et, quand je serai vieux comme mon père, cette houlette soutiendra mes pas. Ainsi, enfant, jeune et vieillard, cette houlette sera toujours ce que j'aurai de plus cher.

(Chloé se met à genoux, en se tournant un peu vers le temple de l'Amour.)

CHLOÉ.

Amour, dieu qu'il faut craindre, (*bas à Myrtil*) ma mère me l'a dit ainsi, (*haut*) faites retomber votre courroux sur la malheureuse

SCÈNE I.

Chloé, si je me sépare jamais volontairement de ces deux oiseaux que m'a donnés Myrtil. Je promets d'en avoir soin comme s'ils étaient à ma mère. Elles sont jeunes, ces tourterelles; je suis jeune aussi : nous vieillirons ensemble; elles, en s'aimant toujours, moi, en aimant toujours Myrtil.

MYRTIL.

Je vous remercie, ma chère Chloé. A présent nous voilà bien sûrs......... Mais je vois venir Lysis, le prêtre de l'Amour. Comme il est triste ! Il vient sans doute nous annoncer quelque malheur.

SCÈNE II.
MYRTIL, CHLOÉ, LYSIS, UN PRÊTRE DE L'AMOUR.

LYSIS.

Oui, mon cher Myrtil, et je pleure moi-même de la triste nouvelle que je viens vous annoncer.

MYRTIL.

Ah ! Lysis, vous me faites trembler ! Est-ce un malheur qui regarde mon père ? Je crains plus pour lui que pour moi.

LYSIS.

Votre père vient de s'éveiller avec une

fièvre brûlante. Le mal commence à peine, et il est à son comble. L'infortuné vieillard, affaibli par les années, accablé par la douleur, touche à son dernier moment.

MYRTIL, *pleurant.*

O dieux! ô dieux! mon père va m'être ravi. Malheureux que je suis! mon père souffre, mon père meurt peut-être; et je ne l'ai pas embrassé!.. Lysis, Chloé; priez l'Amour, priez tous les dieux de me rendre le meilleur des pères; priez-les de faire tomber sur moi tous les maux qui le font souffrir... Je ne puis rester avec vous, je vais, je cours servir mon père. *(Il sort.)*

SCÈNE III.
LYSIS, CHLOÉ, UN PRÊTRE DE L'AMOUR.

CHLOÉ.

Ah! Lysis! vous que l'Amour a choisi pour être le ministre de son temple, vous par qui ce dieu puissant nous annonce ses volontés, demandez, obtenez de lui la guérison de Ménalque; obtenez que le plus vertueux de vos bergers vive long-temps encore pour nous enseigner la vertu.

LYSIS.

Est-ce l'amour de la vertu qui vous fait

prendre un intérêt si tendre au père de Myrtil ?

CHLOÉ.

C'est le plus juste, c'est le plus doux des sentimens, la reconnaissance. Vous ignorez ce que je dois au bon Ménalque; vous ignorez que, l'été dernier, un orage épouvantable détruisit la moisson de ma mère. Le lendemain de cet orage, ma mère alla voir son champ; j'étais avec elle, elle me tenait par la main. Ma mère regardait d'un œil fixe tous les épis couchés sur la terre, brisés, dépouillés par la grêle; elle ne prononçait pas une plainte, mais de grosses larmes tombaient de ses yeux, et venaient couler le long de mon bras. Je les sens encore, ces larmes. Le vieux Ménalque, le père de Myrtil, passa par-là, en revenant de son champ, qui n'avait pas souffert de l'orage. Il vit ma mère qui pleurait, il s'approcha d'elle d'un air triste, lui prit la main, qu'il serra en levant les yeux au ciel; puis il me baisa sur le front, et nous dit seulement ces paroles : Revenez ici demain, je vous en prie, revenez. Nous retournâmes le lendemain, et nous trouvâmes une moisson liée en gerbes, plus belle que la moisson détruite. Le bon Ménalque avait passé la nuit, aidé de toute sa famille, à porter dans notre champ la moitié des gerbes du sien.

LYSIS.

Je reconnais bien là Ménalque.

CHLOÉ.

Jugez si je dois l'aimer! jugez si, depuis ce jour, ma mère et moi nous nous sommes jamais endormies sans bénir le nom de Ménalque. Ah! Lysis! joignez vos vœux aux miens, allez conjurer l'Amour de me rendre mon bienfaiteur.

LYSIS.

Des vœux ne suffisent pas, Chloé; les dieux aiment les sacrifices.

CHLOÉ.

Hélas! je n'ai point de victime : ma mère n'a point de troupeau. Si nous possédions une seule brebis, j'aurais déjà couru la chercher.

LYSIS.

A qui appartiennent ces deux tourterelles?

CHLOÉ, *d'une voix tremblante.*

A moi.

LYSIS.

Ce sont les oiseaux de l'Amour : quand je veux obtenir quelque grâce de ce dieu, j'immole deux tourterelles sur son autel.

SCÈNE III.

CHLOÉ.

Quoi! vous pensez qu'en sacrifiant ces oiseaux je pourrais obtenir la santé de Ménalque?

LYSIS.

C'est le plus sûr moyen.

CHLOÉ, *regardant les tourterelles.*

O malheureuses tourterelles! il vient de vous condamner à la mort. Hélas! j'avais espéré, j'avais promis de ne jamais me séparer de vous : mais il s'agit du père de Myrtil, du bienfaiteur de ma mère : aucune promesse, aucun sentiment ne peut balancer la reconnaissance. Pauvres oiseaux, je vous pleure; mais je ne puis vous sauver.

LYSIS.

Hé bien, êtes-vous décidée?.

CHLOÉ.

Oui, sans doute, je le suis.

LYSIS.

Le mal presse, ne perdons pas un moment, venez avec moi immoler ces tourterelles.

CHLOÉ.

Non Lysis, non : épargnez-moi ce spectacle; il est trop affreux pour moi. Voilà mes tourterelles, je vous les livre : tuez-les, puisque leur mort peut sauver Ménalque; mais permettez-moi de n'être pas présente, permettez-moi d'aller pleurer loin de l'autel.... (*Elle pleure.*) Si vous saviez combien ces oiseaux me sont chers, si vous saviez qui me les a donnés, et la promesse que j'ai faite..... Mais l'Amour le sait, l'Amour lit dans mon cœur; et plus ce sacrifice est douloureux, plus sans doute il doit être utile au père de mon ami.... Adieu, Lysis, je vous quitte : je ne puis retenir mes larmes, ma douleur troublerait vos prières..... Adieu, vous aussi, malheureux oiseaux, vous qui deviez rester toujours.... adieu, vous ne souffrirez pas plus que je souffre. (*Elle baise les tourterelles, les remet à Lysis, et sort.*)

SCÈNE IV.

LYSIS, LE PRÊTRE DE L'AMOUR.

LYSIS.

O vertueuse Chloé ! que ta mère doit être heureuse ! combien elle doit être fière d'avoir un enfant comme toi ! Mais j'aperçois Myrtil... (*Au prêtre de l'Amour, en lui remettant les oiseaux :*) Allez m'attendre dans le temple, et préparez le feu sur l'autel. (*Le prêtre de l'Amour sort, et emporte les tourterelles.*)

SCÈNE V.

LYSIS, MYRTIL.

MYRTIL.

Je vous cherchais, Lysis : prenez part à ma joie, j'entrevois un rayon d'espérance. Mon père, mon père nous sera peut-être rendu.

LYSIS.

Ah! plût au ciel! Et par quel prodige?

MYRTIL.

Il n'avait plus qu'un souffle de vie quand je suis arrivé près de lui. Mes frères, à genoux autour de son lit, levaient leurs mains au ciel, et pleuraient. Je cours, je m'élance au milieu d'eux; je me jette au cou de mon père:.... Ce bon père! il s'est ranimé, il a rappelé ses forces pour me serrer contre son cœur : Tu me manquais, m'a-t-il dit en s'efforçant de sourire; j'étais fâché de mourir sans t'avoir dit mon dernier adieu. Je n'ai pu que le presser en sanglotant. Mais tout à coup un dieu sans doute m'a inspiré, je me suis souvenu de vous avoir entendu dire qu'au sommet de la grande montagne habitait un vieux berger nommé Lamon, qui passe pour avoir appris d'Apollon même l'art de guérir tous les maux.

LYSIS.

Je ne sais s'il vit encore.

MYRTIL.

Je me suis arraché des bras de mon père, j'ai pris ma course; et, sans m'arrêter, j'ai monté la grande montagne. J'ai cherché, j'ai appelé Lamon; j'ai parcouru dans un instant tous les lieux où je pouvais le rencontrer. Je l'ai vu enfin, je l'ai vu assis au pied d'un chêne, occupé d'examiner les simples qu'il avait cueillis. Je me suis précipité à ses pieds : Sauve mon père, lui ai-je dit, mon père va mourir, viens le rendre à la vie. Je te donnerai tout ce que j'aurai jamais. A présent je ne possède rien, mais je serai riche un jour, et tout mon bien t'appartiendra. En parlant ainsi, j'avais saisi sa main, et je l'entrainais vers notre chaumière. Mon enfant, m'a-t-il répondu en marchant le plus vite qu'il pouvait, je n'ai pas besoin d'acquérir du bien, et mon cœur a besoin d'en faire. J'essaierai de guérir ton père; et si mon maître Apollon m'accorde encore ce succès, je ne veux recevoir d'autre don de toi que celui de ta houlette : c'est la plus belle que j'aie vue : je l'appendrai, en action de grâce, à un vieux laurier que j'ai consacré à Apollon.

SCÈNE V.

LYSIS.

Lamon est toujours le même : sa piété envers les dieux égale seule sa générosité.

MYRTIL.

Hélas! en demandant ma houlette, il m'a demandé mon plus cher trésor. C'était un don de ma bergère : j'avais juré de mourir plutôt que de m'en séparer. Mais mon serment et ma houlette, et ma bergère elle-même, ne me sont pas si chers que mon père. J'ai dévoré mes larmes, j'ai affecté de sourire; et quoiqu'il m'eût été plus doux de donner à Lamon dix ans de ma vie, j'ai remis ma houlette dans ses mains.

LYSIS.

Hé bien, Lamon guérira-t-il Ménalque?

MYRTIL.

Il l'a vu, il l'a interrogé, l'a examiné longtemps, et a gardé un profond silence. Mes frères et moi nous avions les yeux fixés sur Lamon : notre salut ou notre perte dépendait du mot qu'il allait prononcer. Enfin il nous a dit : Espérez, je crois pouvoir guérir votre père. A cette parole, nous sommes tous tombés à ses genoux, et nous l'avons adoré comme un dieu. Lamon pleurait; il nous a relevés, nous a fait sortir de la cabane, où il est seul avec mon père. J'ai profité de ce moment, Lysis, pour venir vous annoncer notre bonheur, pour venir vous demander d'intéresser les dieux au succès.

LYSIS.

Oui, je cours les implorer, je vais achever un sacrifice qui vous fera verser des larmes de reconnaissance quand vous saurez qui l'a offert.

(*Il sort.*)

MYRTIL.

Ah! je vous suis, Lysis...... Mais voici Chloé, je veux l'instruire de mon bonheur.

SCÈNE VI.

MYRTIL, CHLOÉ.

CHLOÉ.

Je sais tout, mon ami, je viens de chez votre père; j'ai vu Lamon, je lui ai parlé, il espère de plus en plus.

MYRTIL.

Ah! mon amie, ma chère Chloé! en m'apprenant cette heureuse nouvelle, vous me la rendez encore plus douce.

CHLOÉ.

C'est vous qui avez pensé à Lamon, c'est vous qui avez été le chercher sur la grande montagne. Vos frères pleuraient votre père;

SCÈNE VI.

vous, Myrtil, vous l'avez sauvé. Aussi mon cœur fait-il tous ses efforts pour vous aimer davantage; j'ai bien peur qu'il ne le puisse pas.... Mais où est donc votre houlette ?

MYRTIL, *les yeux baissés.*

Ma houlette ?

CHLOÉ.

Vous l'avez perdue ?

MYRTIL.

Non.

CHLOÉ.

Vous l'avez donnée ?

MYRTIL.

Oui.

CHLOÉ.

Si tout autre que vous me l'avait dit, je ne l'aurais pas cru.

MYRTIL.

Ah ! quand vous saurez...... Mais vous-même, qu'avez-vous fait des tourterelles ?

CHLOÉ, *tristement.*

Je ne les ai plus.

MYRTIL.

Et que sont-elles devenues ?

CHLOÉ, *en soupirant.*

Elles expirent à présent.

MYRTIL.

O ciel ! Et quel est le barbare qui a pu donner la mort à de si tendres oiseaux ?

CHLOÉ.

C'est moi-même.

MYRTIL.

Vous, Chloé !

CHLOÉ.

Je les ai donnés à Lysis, pour qu'en les sacrifiant à l'Amour, il obtînt de ce dieu puissant la santé de votre père.

MYRTIL.

Ah ! je respire, ma Chloé. Vous m'en êtes cent fois plus chère; et jamais....

CHLOÉ.

Ma houlette n'a pas été offerte à l'Amour ?

MYRTIL.

Non, mais le vieux Lamon me l'a demandée pour prix de la guérison de mon père. Pouvais-je la refuser, Chloé ? J'ai caché mes pleurs, j'ai baisé ma houlette, et je l'ai donnée à Lamon.

CHLOÉ.

Ah ! que vous me soulagez, Myrtil ! Loin de vous en savoir mauvais gré, vous avez, je crois, trouvé le seul moyen d'être chéri davantage.

SCÈNE VI.

MYRTIL.

Je n'ai fait que mon devoir, je le ferais encore : mais que ma houlette était belle !

CHLOÉ.

J'aurais donné ma vie pour mon bienfaiteur : mais que mes tourterelles étaient charmantes !

MYRTIL.

Nous approuvons tous deux ce que nous avons fait, et cependant notre cœur murmure. Hélas ! il n'est plus temps, Chloé ; les tourterelles sont immolées, la houlette est dans les mains de Lamon, ni vous ni moi ne reverrons plus ni les tourterelles ni la belle houlette.

SCÈNE VII.

MYRTIL, CHLOÉ, LYSIS, *apportant les tourterelles et la houlette.*

LYSIS.

Vous les reverrez, vous les posséderez encore, enfans vertueux et sensibles. L'Amour vous rend vos victimes ; Lamon vous remet son salaire. L'Amour et Lamon viennent de m'expliquer leurs volontés.

MYRTIL.

O ciel !

LYSIS.

Comme j'allais offrir ces tourterelles, comme je tenais le couteau sacré sur leurs cœurs, une voix douce est sortie de la statue de l'Amour: Va, m'a-t-elle dit, va reporter à la jeune Chloé les tendres oiseaux qu'elle m'avait offerts. Dis-lui que je ne reçois point son sacrifice, et que j'ai rendu la santé au bon Ménalque. Assure-la, ainsi que Myrtil, que je veille sur leurs destins, que je les unirai bientôt, et que toujours je rends heureux ceux qui, en m'adorant, adorent encore la vertu.

MYRTIL.

Ah! ma Chloé!

CHLOÉ.

Cher Myrtil, quel bonheur pour nous!

LYSIS.

A peine le dieu avait achevé ces paroles, que le vieux Lamon est arrivé : Ménalque est guéri, m'a-t-il dit : ce n'est point mon art, c'est ton dieu qui a fait un si grand prodige. Je ne puis prétendre à aucun salaire; reporte à Myrtil le don qu'il m'avait fait. En parlant ainsi, il m'a remis cette houlette. Reprenez-la, Myrtil. Chloé, reprenez vos oiseaux, et n'oubliez jamais l'un et l'autre qu'en sacrifiant tout à son devoir on est sûr d'arriver au bonheur.

FIN DE MYRTIL ET CHLOÉ.

HÉRO ET LÉANDRE,

MONOLOGUE LYRIQUE.

HÉRO ET LÉANDRE,

MONOLOGUE LYRIQUE.

Le théâtre représente l'Hellespont et le rivage de Sestos ; à droite, l'on voit une tour isolée, sur le haut de laquelle est un fanal allumé ; les flots baignent le pied de la tour. Il fait nuit, la lune est dans son plein, le plus profond silence règne sur les flots et sur la rive. Héro sort de la tour.

HÉRO.

Enfin la nuit étend ses voiles sur toute la nature. Mon cher Léandre, voici l'heure où, n'écoutant que ton amour et ton courage, tu vas t'élancer dans les flots ; et, sans autre guide que ce fanal que je viens d'allumer pour toi, tes robustes bras fendront les ondes, et te porteront dans ceux de ta bien-aimée.

(*Elle regarde le ciel et la mer, et reste un moment plongée dans la rêverie.*)

Avec quelle douce volupté je considère ce calme profond! Comme la mer est paisible! Comme l'air est pur! Zéphire même n'ose l'agiter : tout se tait, tout est tranquille. O mon ami, tu ne dois entendre que la voix plaintive des alcyons, et le murmure des flots qui cèdent à tes efforts ; la lune bienfaisante te prête toute sa lumière ; l'onde, en la réfléchissant, semble vouloir la doubler..... Ah ! toute la nature doit s'intéresser à l'amant qui expose sa vie pour voir son amante.

(*Elle se promène avec l'air agité.*)

Je ne sais quelle terreur secrète se glisse malgré moi dans mon sein. Cher Léandre, ne viens pas aujourd'hui..... Ne viens jamais, si tu risques de perdre le jour. Cette mer est si fatale ! Hellé, la malheureuse Hellé, trouva la mort dans ses flots : le belier doré put à peine sauver son frère...., Tu n'as rien, toi, que mes vœux et ton courage.....S'il arrivait... Mais non, l'Amour, tous les dieux, doivent veiller sur toi.

(*Elle s'adresse à la lune.*)

Belle Phœbé, ne quitte pas les cieux, éclaire la route dangereuse que mon amant doit parcourir, montre-lui tous les écueils, fais-lui voir toujours la terre, ne souffre pas que le moindre nuage te dérobe un moment à ses yeux ; souviens-toi des peines que te causa l'amour, et sauve un amant aussi fidèle, aussi tendre que l'était Endymion.

(*Elle écoute avec attention, et dit, après une grande pause :*

J'ai cru l'entendre ; et ce n'est qu'une vague qui a fait palpiter mon cœur.

(*Avec passion.*)

O mon ami, redouble tes efforts ; que le feu qui te consume te rende insensible au froid de l'onde. Hâte-toi de sortir de cet élément perfide, viens rassurer ton épouse éperdue, viens la presser dans tes bras.... Je crois te voir : oui, je te vois ; tu fends les flots avec vitesse ; tu laisses loin derrière toi un long sillon qui bouillonne ; les yeux toujours fixés sur ce fanal, tu reprends des forces à mesure que tu t'en approches : les astres, les étoiles, guides ordinaires du nautonier, n'existent point pour toi ; ton seul astre, c'est ce flambeau ; tu ne vois que lui dans le ciel, tu ne connais que moi sur la terre, et l'univers se réduit pour toi à la seule tour que j'habite.

(*Avec inquiétude.*)

Mais l'amour égare mes sens. Léandre ne vient point : je n'aperçois rien sur les flots. Peut-être n'est-il pas aussi tard que je l'imagine ; je me suis trompée moi-même, j'ai cru qu'il arriverait plus vite en allumant plus tôt le flambeau.

(Elle retourne vers la mer, regarde, et écoute attentivement.)

Cependant il me semble qu'il n'a jamais tardé si long-temps. J'ai déjà calculé cent fois l'instant de son départ, la durée de son trajet; il devrait être ici..... Encore si la mer était agitée, je pourrais croire que la frayeur l'a retenu... Peut-être n'est-il point parti... peut-être de nouvelles amours.... Ah! Léandre, pardonne, pardonne; j'ose douter de ton cœur : mais que le moindre vent trouble les eaux, et je n'accuserai plus que Neptune.

(Avec colère.)

Pourquoi faut-il que nous, qui n'avons qu'une âme, nous ayons deux parties ? De quoi nous sert d'être si près l'un de l'autre, si nous sommes toujours séparés ? Oui j'aimerais mieux que l'univers entier fût entre nous deux.

(L'horizon commence à se couvrir de nuages, et la lune s'obscurcit.)

Mais le ciel devient plus sombre, la lune semble vouloir cacher sa tremblante lumière, mon cœur se serre..... Et si la tempête..... Éloignons de funestes idées.... Je me trompe sans doute; la frayeur me fait voir des nuages qui n'existent point : j'ai si souvent éprouvé que loin de mon amant le ciel ne m'a jamais paru beau !

(*La tempête commence, et va toujours en augmentant.*)

Qu'entends-je ? non, ce n'est point une illusion ; un bruit sourd semble sortir de l'abîme ; il s'avance avec les ténèbres, il devient éclatant, la mer s'agite, les vents commencent à mugir ; ils vont se déchaîner sur les vagues déjà blanchies.

(*Avec l'accent de la douleur et de l'effroi.*)

Dieux tout-puissans !.... les forces m'abandonnent ; chaque éclair, chaque coup de tonnerre porte la mort dans mon cœur..... Malheureuse !.... il sera parti.... il sera parti....

(*Elle tombe épuisée sur un rocher, et se relève avec impétuosité.*)

Cher Léandre, retourne, il en est temps encore..... retourne vers ton rivage, ne songe qu'à sauver tes jours : je t'irai voir, l'amour me donnera des forces : je suis sûre de faire le trajet quand je t'aurai pour but de mon voyage. Je ne suis pas certaine du retour ; mais je t'aurai vu, je t'aurai sauvé, je mourrai satisfaite.

(*La tempête est dans sa plus grande force.*)

O dieux! quels éclats! quelle tempête! les flots en fureur s'élancent contre les éclairs : le tonnerre se précipite sur les flots ; les vagues et les airs ne sont plus qu'un chaos sillonné de traits de feu. Tous les élémens sont confondus, et mon amant combat peut-être seul contre toute la nature.

(*Elle tombe à genoux, et s'écrie avec transport.*)

O Neptune, ô Borée, apaisez-vous, épargnez-le! il ne vous offensa jamais ; un jour n'a jamais fini sans qu'il vous ait adressé des vœux. Vous connaissez l'amour ; souvenez-vous de Philyre, souvenez-vous d'Orithyie ; prenez pitié des maux que vous avez soufferts vous-mêmes. Que vous faut-il? que voulez-vous? je n'ai point de victime ; mais, si le sang est nécessaire pour vous apaiser, dites un mot, un seul mot, et ce poignard va percer mon cœur. Parlez ; Léandre est en danger, Léandre succombe peut-être ; par pitié, hâtez-vous de parler.

(*La tempête s'apaise.*)

Ils m'ont entendue.... Les vents s'apaisent, la mer se calme, les flots retombent à leur place, le ciel redevient serein, et je n'entends plus que le murmure des ondes qui gémissent encore de la fureur des aquilons.

(*Avec l'émotion la plus tendre.*)

Ah! Léandre, mon cher Léandre, as-tu souffert cette tempête? Les dieux t'auront protégé; ils viennent de calmer la mer; c'est la marque sûre de leur faveur. Léandre, tu vas venir, je vais te voir : ah! comme je te presserai contre mon sein! combien tes périls vont ajouter de charmes à notre réunion!

(*Avec inquiétude et douleur.*)

Mais l'obscurité se dissipe, l'on voit déjà l'orient se teindre d'une couleur vermeille; l'amante de Céphale chasse devant elle les ténèbres, et Léandre n'arrive point. Le calme est revenu sur les flots, il ne l'est pas dans mon cœur.

(*On voit le lever de l'aurore et la naissance du jour.*)

Brillante Aurore, daigne me pardonner si jamais je ne t'adressai des vœux. Léandre me quittait toujours à l'instant où tu paraissais; pouvais-je désirer de te voir? Deviens aujourd'hui ma bienfaitrice; montre-moi mon amant; et que ce jour que tu précèdes soit beau pour moi comme il va l'être pour toute la nature.

(*Elle va regarder sur un rocher.*)

Oui, je le vois; c'est lui.... Dieux immortels! que ne vous dois-je pas! Ah! je sens bien que toutes mes peines n'ont pas assez payé ce doux moment.

(*On voit dans le lointain Léandre qui fait des efforts pour se soutenir sur les eaux.*)

Mais que vois-je! Il s'éloigne.... Il s'approche.... Il semble lutter contre les flots.... Mon sang se glace.... Je le distingue; ses forces sont épuisées, ses bras lassés ne peuvent plus le soutenir.... Léandre.... Léandre.... entends ma voix, qu'elle prolonge tes forces; encore un moment de courage, et tu seras dans les bras de ton épouse.... Léandre, tu ne m'entends pas.... tu ne peux plus résister.... Léandre.... encore un effort.... Il semble me tendre les mains, il semble implorer mon secours.... Oui, je vais m'élancer vers toi... oui... je vais mourir ou te sauver... Je vais....

(*Léandre s'enfonce dans les flots.*)

Ciel! il a disparu; mes yeux le cherchent en vain.... Léandre.... mon cher Léandre.... Il n'est plus.... il n'est plus; les flots l'ont englouti!

(*Elle reste long-temps immobile, et reprend avec lenteur.*)

Il n'est plus : je ne le verrai plus : je ne le verrai jamais ; il est mort pour moi. C'est moi, c'est moi qui l'assassine !

(*Après une grande pause, avec fureur et désespoir.*)

Dieux barbares qui vous jouiez de mes douleurs, qui sembliez écouter mes vœux pour rendre plus aigu le trait dont vous me déchirez ; dieux de sang, dieux de malheur, puisse le destin, plus fort que vous, vous rendre tous les maux que je souffre ! puisse votre immortalité ne servir qu'à les prolonger ! Et toi, mer affreuse, mer perfide, tu n'as jamais causé que des maux, tu n'as jamais respecté que le crime : le guerrier farouche, l'avide marchand sont en sûreté sur tes flots ; et tu fais périr l'amant fidèle qui ne te demandait que de le porter près de moi, qui t'invoquait tous les jours, qui t'appelait sa bienfaitrice ! Va, puisse ta fureur se tourner contre toi-même ! puisse l'univers se dissoudre et retomber dans ton sein ! puisse la terre combler ton lit, et le chaos te détruire et te remplacer !

(*Elle retourne sur le rocher.*)

Je ne le verrai plus! je ne le verrai jamais! Léandre, mon cher Léandre! Et as-tu pensé que je pourrais te survivre? As-tu pensé que je pourrais jamais regarder cette mer odieuse? Non, je t'irai chercher jusque dans ses abîmes; j'irai me rejoindre à la plus chère moitié de moi-même. Qui sait aimer sait mourir; et cette mort est un doux moment, puisqu'elle me réunit à Léandre.

(*Elle se frappe et se jette à la mer.*)

FIN DE HÉRO ET LÉANDRE.

LE BAISER,

FÉERIE

EN UN ACTE ET EN VERS,

MÊLÉE DE MUSIQUE;

Représentée pour la première fois sur le théâtre italien., le 26 novembre 1781.

A VOUS.

J'ai chanté le BAISER, ce sujet est bien doux,
    Souffrez que je vous le dédie.
Tout ce qu'Alamir dit à sa chère Zélie,
    Je ne l'ai pensé que pour vous :
    Si votre cœur de cet hommage
    Veut me payer par des bienfaits,
    Le titre seul de mon ouvrage
    Vous dira le prix que j'y mets.

PERSONNAGES.

AZURINE, mère d'Alamir.
ALAMIR, amant de Zélie.
ZÉLIE, élevée par Azurine.
BINÈNE, vieille fée.
PHANOR, enchanteur.
UN ESCLAVE d'Azurine.

La scène est dans le palais d'Azurine.

LE BAISER,
FÉERIE.

SCÈNE I.
ALAMIR, ZÉLIE.

ALAMIR.

Pourquoi me dérober tes larmes ?
Je dois tout partager, jusqu'au moindre soupir.
Ne suis-je plus cet Alamir
A qui tu confiais tes plaisirs, tes alarmes ?
Tu ne m'aimes donc plus ?

ZÉLIE.

Ah ! je n'aime que toi,
Mais je crains....

ALAMIR.

Que crains-tu ?

ZÉLIE.

Mon ami, laisse-moi.
C'est peut-être en vain que je tremble ;
A quoi bon te donner des chagrins superflus ?

ALAMIR.

Et comptez-vous pour rien de s'affliger ensemble ?

ZÉLIE.

Alamir....

ALAMIR.

Dis-moi tout, ne me résiste plus.

ZÉLIE.

Air.

Non, non, tes prières sont vaines ;
Ne cherche pas à m'attendrir :
Quand je puis t'épargner mes peines,
Je crois alors n'en plus souffrir.
Souvent ma triste prévoyance
S'alarme de maux incertains :
Partageons toujours l'espérance,
Mais laisse-moi tous les chagrins.

ALAMIR.

Quels que soient ces chagrins, sois sûre, ma Zélie,
Que l'amour saura les calmer :
Ce sont les peines de la vie
Qui nous font mieux sentir le bonheur de s'aimer.

ZÉLIE.

Oui ; mais j'avais promis de garder le silence ;
Cependant je vais t'obéir :
Avec toi l'on ne peut tenir
Que les sermens d'amour et de constance.
Tu sais que, depuis notre enfance,
Destinés à nous voir époux,
Nos premiers sentimens, nos plaisirs les plus doux,
Furent l'amour et l'espérance.

ALAMIR

Qui pourrait troubler les beaux jours
Que notre heureux sort nous destine ?
Tous deux nous dépendons de ma mère Azurine ;

SCÈNE I.

Elle a vu naître nos amours;
Elle veut nous unir.

ZÉLIE.

Sa bonté vigilante
Prépare et veut notre bonheur.
Mais tu connais ce cruel enchanteur
Dont le nom seul inspire l'épouvante.
Phanor....

ALAMIR.

Hé bien?

ZÉLIE.

Il demande ma main.
Ta mère, de frayeur saisie,
A voulu lui répondre en vain
Qu'à toi l'amour m'avait unie.
Que m'importent, dit-il, les projets d'Alamir?
A moi seul dès long-temps Zélie est destinée.
Demain je reviendrai pour ce grand hyménée;
Et malheur au rival que j'aurais à punir !
Il est parti.

ALAMIR.

Demain sera donc la journée
Où je n'aurai plus qu'à mourir.

ZÉLIE.

Calme-toi, mon ami; notre mère est allée
Consulter sur notre destin
Cette vieille et savante fée
Dont l'oracle est toujours certain.

Attendons son retour ; cet oracle infaillible
Rassurera ton âme trop sensible.

Duo.

ALAMIR.

Je n'en croirai que ton cœur
Sur le destin de ma vie.

ZÉLIE.

Ne doute pas de mon cœur,
Il est à toi pour la vie.

ALAMIR.

Est-il à moi ?

ZÉLIE.

Il est à toi,
Il est à toi pour la vie.

ALAMIR.

T'adorer fait mon bonheur.

ZÉLIE.

Te plaire est ma seule envie.

ALAMIR.

Phanor ne peut rien contre moi,
Si tu penses toujours de même.

ZÉLIE.

Toujours t'aimer, voilà ma loi,
Mon plaisir et mon bien suprême.
Mais, hélas !

ALAMIR.

Quelle est ta frayeur ?

ZÉLIE.

Cet oracle....

SCÈNE I.

ALAMIR.

Hé bien, mon amie?

ZÉLIE.

Ah! quand on aime, tout fait peur.

ALAMIR.

Je n'en croirai que ton cœur
Sur le destin de ma vie.

ZÉLIE.

Voici ta mère....

SCÈNE II.

ALAMIR, AZURINE, ZÉLIE.

ZÉLIE.

Ah! nous brûlons d'apprendre
Quel est le sort qui nous attend.
Pardonnez, il sait tout, je n'ai pu m'en défendre.

AZURINE.

Je me doutais, ma chère enfant,
Que vous ne seriez pas discrète;
Mais rassurez-vous cependant :
Votre félicité parfaite
Ne dépend plus que d'un serment
Que vous ferez à votre mère.

ALAMIR.

Un serment? Quel est-il?

ZÉLIE.

Hélas, il me semblait
Que mon cœur avait déjà fait
Tous les sermens que l'on peut faire.

AZURINE.

J'ai traversé la paisible forêt
　　Qu'habite la sage Birène.
Je m'attendais à voir, dans un autre secret,
　　Une vieille magicienne,
Au front pâle et sévère, aux yeux étincelans,
　　Et dont le cœur, endurci par le temps,
　　Serait peu touché de ma peine.
Que je connaissais mal celle que je cherchais !
Birène, en me voyant, auprès de moi s'empresse,
Me promet son appui, ses conseils, ses bienfaits,
M'exhorte à soulager la douleur qui m'oppresse.
Je vois bientôt que rien ne doit m'intimider,
　　Et que de la triste vieillesse
　　Birène n'a voulu garder
　　Que la douceur et la sagesse.

ALAMIR.

Hé bien ?

AZURINE.

　　Je lui dis nos malheurs ;
Je lui peins vos amours, nos chagrins, ma tendresse.
　　Mon seul récit la touche, l'intéresse ;
En m'écoutant, ses yeux se mouillent de ses pleurs.
Tremblez, m'a-t-elle dit ; je connais la puissance
De ce cruel Phanor qui cause vos douleurs.
　　L'ingrat tient de moi sa science ;
C'est moi qui lui montrai cet art si dangereux
　　De commander à la nature entière ;
Et le barbare emploie au malheur de la terre

SCÈNE II.

L'art que je lui donnai pour faire des heureux.
Cela seul me rendrait sa secrète ennemie.
Dès ce moment je protége Zélie,
Et je satisferai votre cœur et le mien
En trouvant à la fois la douceur infinie
De punir un ingrat et de faire du bien.

Air.

Alors sa voix, par les ans affaiblie,
M'explique le sombre avenir ;
De pleurs sa vue est obscurcie,
Votre destin la fait frémir ;
Elle gémit, elle s'écrie :
« Que je te plains, jeune Alamir !
« Un seul moment peut te ravir
« Celle qui règne sur ton âme.
« Allez, hâtez-vous de l'unir
« A l'unique objet qui l'enflamme.
« Mais qu'Alamir redoute son bonheur :
« Un seul baiser pris à Zélie
« Peut changer en jour de douleur
« Le jour le plus beau de sa vie. »

ALAMIR ET ZÉLIE.

Un seul baiser !

AZURINE.

Un seul baiser pris à Zélie
Peut changer en jour de douleur
Le jour le plus beau de sa vie.

ALAMIR.

Quoi ! le jour de notre hyménée,
Un baiser nous perdrait tous deux ?

AZURINE.

Hélas ! l'oracle est rigoureux.
Je sais qu'un jour est une année,
Quand le soir on doit être heureux.

ALAMIR.

Mais vous n'ignorez pas, ma mère,
Que le sens d'un oracle est souvent un mystère ;
On ne l'entend jamais bien clairement.

AZURINE.

Le vôtre est clair, mon fils : il dit expressément
Que, le jour de votre hyménée,
Un baiser pris à l'objet de vos vœux,
Avant la fin de la journée,
Ferait le malheur de tous deux.

ZÉLIE.

Ne dit-il pas aussi, ma mère,
Qu'avant tout il faut nous unir ?

AZURINE.

Oui, votre hymen est nécessaire.
Mais puis-je compter qu'Alamir
Observera la loi sévère
Que le destin....

ALAMIR.

Recevez-en ma foi.

ZÉLIE.

D'ailleurs, maman, comptez sur moi,
Je vous réponds de tout.

SCÈNE II.

ALAMIR.

    Rien ne sera pénible,
Puisqu'il s'agit de mériter sa main.
Mais, ma mère, Phanor doit revenir demain :
S'il revenait ce soir, il serait impossible
 De nous unir.

AZURINE.

    Je le voudrais en vain.
Que nous conseilles-tu, Zélie?

ZÉLIE.

Moi, je n'ai point d'avis : vous saurez tout prévoir.
Je crois pourtant, s'il faut que je vous le confie,
Que Phanor pourrait bien arriver dès ce soir.

AZURINE.

Allons, mes enfans, je suis prête
A conclure un hymen, objet de vos souhaits.
 La noce sera sans apprêts,
 Sans fête....

ALAMIR.

   A-t-on besoin de fête
Quand on est au jour du bonheur?

AZURINE.

Comme il vous plaît vous décidez mon cœur;
A votre volonté la mienne est enchaînée :
Je vais donc vous unir d'un lien éternel.
Nous n'avons ni flambeaux ni temple d'hyménée :
Mais, pour tenir la foi que l'amour a donnée,
 On n'a pas besoin d'un autel.

LE BAISER.

Trio.

AZURINE, à Alamir.

Jurez-vous de l'aimer toujours ?
(à Zélie.)
Et vous, d'être toujours fidèle ?

ALAMIR.

Oui, je jure à l'objet de mes tendres amours
De vivre, de mourir pour elle,
Et, jusqu'au dernier de mes jours,
De l'aimer autant.... qu'elle est belle.

ZÉLIE.

Oui, je jure à l'objet qui me tient sous ses lois
De brûler pour lui seul de l'ardeur la plus pure.
Hélas ! quand je le vis pour la première fois,
Mon cœur promit tout ce qu'il jure.

AZURINE.

Je vous unis, soyez heureux.

ALAMIR ET ZÉLIE.

A jamais nous sommes heureux.

AZURINE.

Que la chaîne qui vous engage
Vous rende encor plus amoureux.
Un hymen sans amour n'est qu'un triste esclavage ;
Avec l'amour, c'est le bonheur des dieux.

ALAMIR ET ZÉLIE.

Que la chaîne qui nous engage
Nous rende encor plus amoureux.
Un hymen sans amour n'est qu'un triste esclavage ;

SCÈNE III.

AZURINE, ALAMIR, ZÉLIE, UN ESCLAVE.

L'ESCLAVE.

Phanor arrive en ce moment.

AZURINE.

Phanor!

L'ESCLAVE.

Il est déjà dans votre appartement.
(*L'esclave sort.*)

SCÈNE IV.

ALAMIR, AZURINE, ZÉLIE.

ZÉLIE.

O ciel! que ferons-nous, ma mère?

ALAMIR.

Courez le recevoir, laissez-nous dans ces lieux :
Étant seule avec lui, vous le tromperez mieux,
Et le jour finira, j'espère.

AZURINE.

Si vous me promettez, mon fils.....

ZÉLIE.

Non, non, ma mère, je vous suis;
C'est le plus sûr....

ALAMIR.

Que dites-vous, Zélie?

ZÉLIE.

Je dis qu'un seul baiser peut nous coûter la vie.

ALAMIR.

Et vous voulez me fuir! vous voulez que Phanor
De son coupable amour vous entretienne encor....

ZÉLIE.

Quoi! déjà de la jalousie!

ALAMIR, *vivement.*

Oui, vous êtes à moi, je ne vous quitte pas :
Je vous suivrai jusqu'au trépas.

(*Avec dépit.*)

Mon cœur n'a pas votre prudence extrême,
Je sais m'exposer sans effroi.

ZÉLIE.

Mais en risquant l'objet qu'on aime,
On expose bien plus que soi.

ALAMIR.

Je ne m'attendais pas à tant de prévoyance.

ZÉLIE.

Et moi, je m'attendais à plus de confiance.

AZURINE.

Ah! sans cesser de disputer,
Mes chers enfans, tâchez de finir la journée.

ZÉLIE.

Oh! je vous le promets, vous pouvez nous quitter.

AZURINE.

Songez qu'à votre sort tiendra ma destinée;
Et n'oubliez pas tous les deux
Qu'une mère est toujours la plus infortunée
Quand ses enfans sont malheureux.

(*Elle sort.*)

SCÈNE V.

ZÉLIE, ALAMIR.

(*Ils restent un moment en silence.*)

ALAMIR, *d'un ton doux.*

Vous êtes en courroux ?

ZÉLIE.

Oui.

ALAMIR.

Souffrez, mon amie...

ZÉLIE.

Votre amie ! aujourd'hui, ce nom n'est pas le mien.

ALAMIR.

Daignez m'écouter....

ZÉLIE.

Non, ne me dites plus rien,
L'oracle le défend ; et moi, je vous en prie.

ALAMIR.

Zélie, on ne sait point aimer
Quand on n'a pas un peu de jalousie.

ZÉLIE.

Alamir, un jaloux ne sait pas estimer.

ALAMIR.

Comment ?

ZÉLIE.

Je n'ai rien dit.

(*Il se fait encore un moment de silence.*)

ALAMIR

A peine l'hyménée
Nous rend époux, que nous voilà brouillés.

ZÉLIE.

Tant mieux; c'est le moyen de passer la journée
Sans manquer au serment.

ALAMIR.

Puisque vous le voulez,
Je conviens que j'ai tort; mais vous seriez cruelle,
Si vous me refusiez un pardon généreux :
N'avons-nous pas assez, dans ce jour dangereux,
De la loi qui nous cause une gêne mortelle ?
Ah ! ce n'est qu'aux amans heureux
Qu'il est permis d'être en querelle.

ZÉLIE.

Mais pourquoi douter de ma foi ?
Votre raison devrait....

ALAMIR.

La raison ? mon amie,
J'ai bien du malheur avec toi;
Nous disputons toute la vie,
Et jamais la raison ne décide pour moi.

ZÉLIE.

Ton air humble et ta modestie
Seront d'inutiles détours.
Crois-moi, restons brouillés.

ALAMIR, *prenant sa main.*

Le pourrais-tu, Zélie ?

ZÉLIE, *avec effroi.*

Et l'oracle, Alamir !

SCÈNE V.

ALAMIR, *s'éloignant précipitamment.*
            Oh! j'y pense toujours,
Et surtout à présent que ma mère est sortie.
    Voici l'instant de l'observer :
    C'est sûrement pour m'éprouver
Qu'aujourd'hui tu parais mille fois plus jolie.
Mais je veux oublier que j'ai reçu ta foi,
Je ne veux plus parler ni m'occuper de toi :
    Tu verras ma sagesse extrême.

ZÉLIE.
    Malgré tes projets, mon ami,
Je crains dans un moment de te revoir le même.
Tiens, va t'asseoir là-bas, je vais m'asseoir ici :
Nous causerons bien mieux.
(*Elle place deux fauteuils aux deux extrémités du théâtre.*)

ALAMIR, *s'asseyant.*
            C'est pousser la prudence
Assurément bien loin. Mais, n'importe, voyons ;
Tu n'as qu'à décider ce dont nous parlerons ;
Je veux au même point pousser l'obéissance.

ZÉLIE
Oh! nous pouvons parler de ce que tu voudras,
    Pourvu que tu n'approches pas ;
    C'est la seule loi que j'impose.
Si tu m'en crois pourtant, jusqu'à la fin du jour
    Nous ne parlerons pas d'amour.

ALAMIR.
Je le veux bien, soit, parlons d'autre chose.
(*Il se fait un long silence, pendant lequel Alamir*

et Zélie se regardent et détournent la tête en témoignant leur embarras.)

J'écoute au moins.

ZÉLIE.

Moi, mon ami, j'attends.

ALAMIR.

Mais je ne sais parler que de mes sentimens,
Et tu ne le veux pas.

(*Il se lève.*)

ZÉLIE, *se levant aussi.*

Je t'arrête bien vite.
Mon cher ami, laissons là ce discours.
Il pourrait finir mal, nous pleurerions ensuite.
Tâchons d'oublier nos amours :
Il faut chercher à nous distraire.
Seule avec toi, je crains également
Et de parler et de me taire ;
Je vais chanter : tu m'as dit si souvent
Que c'était par ma voix que j'avais su te plaire !
Écoute-moi.

Elle le fait asseoir, et va s'asseoir à sa place.)

ALAMIR.

T'entendrai-je d'ici ?

ZÉLIE.

Oh ! n'approche pas, mon ami,
Ou je vais retrouver ma mère.

Air.

QUAND le papillon, amoureux
De la timide sensitive,

SCÈNE V.

Voltige d'une aile craintive
Autour de l'objet de ses vœux,
La fleur, sur sa tige tremblante,
Frémit, et murmure tout bas :
Beau papillon, n'approche pas;
Tu ferais mourir ton amante.

Le papillon va se poser
Loin de la pauvre sensitive;
Mais bientôt son ardeur plus vive
Le ramène; il prend un baiser :
Aussitôt la fleur expirante
Se fane et perd tous ses appas.
Beau papillon, ne te plains pas;
Toi seul fis mourir ton amante.

(*Pendant que Zélie chante, Alamir se lève doucement au commencement de chaque couplet, et se rassied au refrain.*)

ALAMIR.

J'entends bien la leçon ; mais je crois, mon amie,
    Que nous avons fort mal interprété
L'oracle que ma mère a tantôt rapporté.
    « Un seul baiser pris à Zélie
    « Suffit pour faire leur malheur. »
J'explique mieux que toi, dans le fond de mon cœur,
    Cet oracle que je déteste.
Un baiser pris à toi nous serait bien funeste;
Mais si tu le donnais, il porterait bonheur.

(*Il s'approche.*)

ZÉLIE, *s'éloignant.*

Non, non, ce n'est pas là ce que nous dit Birène ;
Moi je l'entends tout autrement.

ALAMIR.

Je voudrais que du moins la fée eût pris la peine
De s'expliquer plus clairement.

(*Il s'approche.*)

ZÉLIE, *à part.*

Moi, je voudrais voir revenir ma mère.

ALAMIR, *toujours s'approchant.*

Que me dis-tu ?

ZÉLIE.

Je dis que tu n'observes guère
Ni mes ordres, ni ton serment.

ALAMIR, *se reculant brusquement.*

Qui l'eût pensé, qu'un si doux hyménée
Me causerait tant de tourment ?
Je n'ai jamais trouvé si longue la journée.

(*Il se lève.*)

ZÉLIE.

Cependant je suis avec toi.

ALAMIR, *très vivement.*

Non, ce n'est pas être avec moi.
Vous m'assignez loin de vous une place,
Vous défendez jusqu'à la fin du jour
Que j'ose vous parler d'amour ;
Eh ! que veux-tu donc que je fasse ?
Cruelle, réponds-moi : l'amour est mon bonheur,
Il est mon bien, il est ma vie ;
Je ne sais rien qu'aimer Zélie,

SCÈNE V.

Je ne veux rien que posséder son cœur.
Me livrer tout entier à ma brûlante ivresse,
Ne respirer qu'amour, ne parler que ses feux,
 Ne voir que toi, te voir sans cesse,
 Et toujours puiser dans tes yeux
 Et mon bonheur et ma tendresse,
C'est le plus cher, c'est le seul de mes vœux ;
 Et tu voudrais me l'interdire....
 Donne-moi plutôt le trépas.
   (Il se met à ses genoux.)

ZÉLIE.

Mon ami, tu vois bien que tu n'es plus là-bas.

ALAMIR.

Laisse-moi t'adorer, partage mon délire.
 Eh ! n'ai-je pas reçu ta foi ?
 Tu m'appartiens, je suis à toi.
 J'ai tant de plaisir à te dire,
 Tu m'appartiens, je suis à toi !
 Deux amans, ma chère Zélie,
 Qui ne sauraient rien que cela,
 Auraient assez de ces mots-là
 Pour se parler toute la vie.

ZÉLIE.

Alamir....

ALAMIR.

Hé bien ?

ZÉLIE.

    Quittons-nous.

ALAMIR.

Quoi ! tu voudrais ôter à mon âme éperdue

Le seul plaisir permis, le bonheur de ta vue !
Eh ! que crains-tu ? je suis tremblant à tes genoux.

ZÉLIE, *dans le dernier trouble, se penche sur Alamir ; leurs visages sont près de se toucher.*

Je crains ce langage si doux
Qui se fait toujours trop entendre ;
Ton air soumis, ta voix si tendre,
Tout avec toi m'inspire la frayeur.
Je n'ose respirer l'air que ta bouche enflamme ;
Il porterait jusqu'à mon âme
Tout le feu qui brûle ton cœur.

ALAMIR, *transporté.*

Ah ! ma Zélie....

(*Il l'embrasse : le tonnerre gronde, la nuit couvre le théâtre, et Phanor paraît.*)

SCÈNE VI.

ZÉLIE, ALAMIR, PHANOR, AZURINE.

PHANOR.

Elle n'est plus à toi.

Quatuor.

ALAMIR.

O ciel ! Zélie....

PHANOR.

Elle n'est plus à toi.

ZÉLIE.

A lui seul j'ai donné ma foi.

SCÈNE VI.

PHANOR.
Pour jamais elle t'est ravie.

ALAMIR.
Non, non, je ne la quitte pas.

ZÉLIE.
Je veux mourir entre ses bras.

PHANOR.
Téméraire, crains ma vengeance.

AZURINE.
Cédez, cédez à sa puissance.

PHANOR.
Téméraire, crains ma vengeance,
Sans murmure subis ton sort,
Ou je vais punir par ta mort
Cette coupable résistance.
Dans l'univers tout m'est soumis,
La terre tremble en ma présence,
L'enfer suit mes lois en silence :
Imite-les, et m'obéis.

AZURINE
Cédez, cédez à sa puissance.

ALAMIR.
Non, non, je ne la quitte pas.
Rien ne peut l'ôter de mes bras.

PHANOR, *saisissant Zélie.*
C'en est trop, mon courroux....

(*Birène paraît.*)

SCÈNE VII.

ZÉLIE, ALAMIR, PHANOR, AZURINE, BIRÈNE.

BIRÈNE.
Ton courroux ne peut rien,
Birène les défend contre ton injustice.
AZURINE.
Je respire.
ZÉLIE.
O bonheur!
PHANOR.
Mais Zélie est mon bien :
Votre oracle l'a dit, il faut qu'il s'accomplisse.
BIRÈNE.
L'oracle a prononcé qu'avant la fin du jour
 Un seul baiser pris à Zélie
 Pouvait la perdre sans retour.
J'ai prévu que la loi ne serait pas suivie;
Et j'ai vite accouru près de ces deux amans.
Invisible autour d'eux dans ces tendres momens,
J'ai vu tous leurs efforts pour accomplir l'oracle;
 J'avais pitié de leurs tourmens.
 Pour les sauver il fallait un miracle,
 Et je l'ai fait. Quand Alamir,
 Brûlant d'amour et de désir,
 Oubliait tout et devenait parjure,
 Au même instant j'ai fait finir le jour.
Je pouvais renverser l'ordre de la nature,

SCÈNE VII.

Et je ne pouvais pas commander à l'amour.
L'oracle est accompli, tu n'as rien à prétendre.

AZURINE.

Souffrez qu'à vos genoux la mère la plus tendre....

PHANOR, à Birène.

Tu me braves, perfide, après m'avoir trahi :
Pour me venger de toi ma rage doit suffire.
Quel que soit le bonheur qui t'accompagne ici,
Tremble tant que Phanor respire.

(*Il sort.*)

SCÈNE VIII.

ALAMIR, ZÉLIE, AZURINE, BIRÈNE.

BIRÈNE.

Ne craignez rien de sa fureur,
Je saurai la rendre inutile.
Pour éloigner de vous à jamais le malheur,
Je vais enchanter cet asile.
Reparaissez, astre du jour;
Plus brillant et plus pur, éclairez ce bocage :
Je réunis ici les biens du premier âge,
L'innocence et la paix, la jeunesse et l'amour.

(*Le théâtre s'éclaire aussitôt, et représente un bocage enchanté où des bergers et des bergères forment des danses.*)

LE BAISER. SCÈNE VIII.

Finale.

ALAMIR, ZÉLIE, AZURINE.

Vous avez sauvé deux amans,
Leur cœur est votre récompense,
Souffrez que leur reconnaissance
Éclate dans ces doux momens.

BIRÈNE.

C'est moi qui vous dois, mes enfans ;
En couronnant votre constance,
Je crois retrouver mon printemps :
Faire du bien dans ses vieux ans,
C'est prolonger son existence.

FIN DU BAISER.

BLANCHE ET VERMEILLE,

PASTORALE

EN DEUX ACTES, EN VERS,

MÊLÉE DE MUSIQUE;

Représentée pour la première fois sur le théâtre italien, le 6 mars 1781.

A MADAME TRIAL.

Daignez recevoir un hommage
Que je vous dois depuis long-temps :
Vous avez sauvé du naufrage
Le plus aimé de mes enfans.
Hélas ! nos brillans petits-maîtres
Chérissent peu les chalumeaux,
Les bois, les prés, les clairs ruisseaux,
Les amours et les mœurs champêtres.
Ils cherchaient le bruyant plaisir
Qu'il faut à leur âme inquiète ;
Et je n'avais qu'une houlette
Et des pipeaux à leur offrir.
Votre voix si douce et si tendre
M'a soutenu dans ce danger ;
Celui qui venait pour juger
Ne vient plus que pour vous entendre.
Si mon ouvrage réussit,
Vous seule en avez le mérite :
C'est Trial que l'on applaudit,
Et l'heureuse Blanche en profite.

PERSONNAGES.

BLANCHE, bergère.
VERMEILLE, sa sœur.
UNE FÉE.
COLIN, amant de Blanche.
LUBIN, amant de Vermeille.
BERGERS ET BERGÈRES.

La scène est, au premier acte, dans la maison de Blanche; au second, dans une forêt qui en est tout près.

BLANCHE ET VERMEILLE,
PASTORALE.

ACTE PREMIER.

Le théâtre représente l'intérieur d'une maison rustique. Vermeille, assise, file au rouet sur le devant de la scène.

SCÈNE I.

VERMEILLE, *seule*.

Air

Quel bonheur
Pour mon cœur
De toujours aimer,
De toujours charmer
L'objet qui m'engage ;
Dans un bon ménage,
De passer mes jours
Avec les amours,
La douce gaîté
Et la liberté !

(Lubin arrive, et écoute Vermeille sans être aperçu d'elle.)

SCÈNE II.

VERMEILLE, LUBIN.

VERMEILLE continue.

Parler sans cesse
De ma tendresse
A l'unique objet de mes vœux,
Lire dans ses yeux
La commune ivresse
Qui nous rend heureux.

(*Lubin chante à demi-voix avec Vermeille.*)

VERMEILLE ET LUBIN.

Quel bonheur
Pour mon cœur
De toujours aimer,
De toujours charmer
L'objet qui m'engage ;
Dans un bon ménage,
De passer mes jours
Avec les amours,
La douce gaîté
Et la liberté !

VERMEILLE.

Ah ! te voilà, Lubin ? Je pense au mariage
Qui doit bientôt m'unir à toi.

LUBIN.

Tu dis toujours BIENTÔT, ma Vermeille ; j'enrage ;
Ne m'as-tu pas donné ta foi ?

Orpheline à vingt ans, maîtresse de toi-même,
Pourquoi ne pas en profiter?
Quand une fille a dit, OUI, J'AIME,
Un oui de plus ne doit pas lui coûter.

VERMEILLE.

Je suis de ton avis; mais l'ordre de ma mère
Nous a prescrit de ne rien faire
Sans consulter la fée : il faut suivre ses lois.
Tu sais que cette fée, aussi bonne que sage,
Daigna nous protéger dès notre premier âge;
Elle nous a redit cent fois :
« Mes filles, mon bonheur ne dépend que du vôtre :
« J'accomplirai toujours votre moindre souhait:
« Et le prix de chaque bienfait
« Sera l'engagement d'en recevoir un autre. »

LUBIN.

Hé bien, voici l'instant de demander Lubin.

VERMEILLE.

Je compte bien aussi l'aller trouver demain.

LUBIN.

Pourquoi pas aujourd'hui? Sais-tu bien, mon amie,
Que nous perdons à réfléchir
Au moins les trois quarts de la vie?
On balance long-temps avant que de choisir :
Souvent on choisit mal : on se repent, on change;
On finit par trouver ce qu'il faut à son cœur :
On perd encor du temps; et puis, quand on s'arrange,
A peine reste-t-il quelques jours de bonheur.

VERMEILLE.

Je pense comme toi, mais sans être si vive;
Et je veux avant tout en parler à ma sœur.

LUBIN.

Il faut bien que Blanche nous suive
Pour demander aussi mon bon ami Colin.

VERMEILLE.

Hélas! je crains, mon cher Lubin,
Que Blanche ne soit plus la même.
Depuis huit jours surtout, je la vois en secret
S'ajuster, se parer avec un soin extrême :
Elle gronde Colin, ne le voit qu'à regret....
De changer aurait-elle envie?
Non, sans doute, et mon cœur à tort va s'alarmer;
C'est un accord fait pour la vie.

LUBIN.

Blanche est un peu coquette, et ce défaut charmant
Fait que, sans aimer son amant,
On le fait enrager : c'est un double avantage.
Je conviens que Colin est un peu soupçonneux :
Ils auront de la peine à faire bon ménage....
Mais adieu, la voici; parle-lui du voyage
Que nous devons faire tous deux.
Je vais m'y préparer, et je reviens te prendre.

(*Il sort.*)

SCÈNE III.

BLANCHE, VERMEILLE.

BLANCHE, *appelant Lubin*.

Lubin, Lubin... Comment! il ne veut pas m'entendre!
Il me boude, je crois.

VERMEILLE.

Cela se pourrait bien ;
Colin est son ami.

BLANCHE.

Ne vas-tu pas encore
Me parler de Colin, me dire qu'il m'adore ?
Tu ne peux me reprocher rien :
Je n'aurais changé de ma vie,
Si j'avais pu guérir les soupçons de Colin.
Mais, tu le sais, ma sœur, l'extrême jalousie,
Qu'on supporte d'abord, nous offense à la fin.

VERMEILLE.

Et tu veux devenir légère
Pour prouver qu'on a tort de soupçonner ta foi ?

BLANCHE.

Eh ! non, ma sœur.

VERMEILLE.

Blanche, sois plus sincère :
Crains-tu de rougir avec moi ?
Je suis ta sœur, et ma tendresse
T'excusera toujours en donnant son avis.
De quoi serviraient les amis,
S'ils ne pardonnaient la faiblesse ?

BLANCHE.

Hé bien, ma sœur, je vais te raconter
L'événement heureux dont je t'ai fait mystère ;
Je craignais tes conseils et ton humeur sévère :
Pardonne, et daigne m'écouter.

Romance.

L'autre jour, au bord d'un ruisseau,
Je m'endormis sur l'herbe tendre ;
Mon chien veillait à mon troupeau,
Mon chien ne pouvait me défendre.

Bientôt, aux accens les plus doux,
Je m'éveille toute surprise ;
Je vois un prince à mes genoux
Qui me dit d'une voix soumise :

« Vous qui devez donner des lois
« Dans les palais comme au village,
« Êtes-vous la nymphe des bois
« A qui tout chasseur doit hommage?

« Parlez, daignez me rassurer :
« Si vous n'êtes qu'une bergère,
« Sans cesser de vous adorer,
« J'oserai prétendre à vous plaire. »

Ma sœur, c'était le souverain
Qui règne sur cette contrée.
Juge quel sera mon destin,
Si de lui je suis adorée.

ACTE I, SCÈNE III.

VERMEILLE.

Ma chère sœur, en verité,
A tout ce beau récit je ne puis rien comprendre;
Explique-moi donc, par bonté,
Quel est ce grand bonheur que tu sembles attendre.

BLANCHE.

Je te l'ai dit; celui qui me parlait ainsi
Est le prince qui règne ici.
Songe donc qu'il m'adore, et que je peux prétendre
A partager son trône en acceptant sa main.

VERMEILLE.

Toi, ma sœur?

BLANCHE.

Serait-il le premier souverain
Épris d'une simple bergère?
Épouser ce qu'on aime, est-ce un effort si grand?
L'amour ne connait point de rang:
Le plus beau titre, c'est de plaire.

VERMEILLE.

Mais Colin....

BLANCHE.

Je saurai le combler de bienfaits.
Malgré tous ses défauts, malgré sa jalousie,
Je l'aime, et je ferai le bonheur de sa vie
En le rendant riche à jamais.

VERMEILLE.

Tu t'abuses, ma sœur; rien ne nous dédommage
De la perte d'un cœur qu'on a cru posséder.
Pardon, si j'ose te gronder;
Mais tu devrais faire un voyage

Chez cette fée aimable et sage
  Qui prit soin de nous élever
Bien mieux qu'il ne convient à de simples bergères.
Tu sais depuis long-temps que nous lui sommes chères,
Allons la voir.

BLANCHE.

  Crois-tu qu'elle daigne approuver
Que je quitte les champs pour aller à la ville ?....
Tu ne me réponds pas.... Mais toi-même, à la fin,
Donne-moi ton avis.

VERMEILLE.

  Il serait inutile ;
Je pense là-dessus comme ferait Colin.

BLANCHE.

  Le voici ; je crains sa colère,
Laisse-moi l'éviter.

VERMEILLE.

  Non, ma sœur, au contraire,
Il faut parler. Je vous laisse tous deux :
  Blanche, quand on devient volage,
Il faut avoir du moins le pénible courage
D'en avertir l'objet que l'on rend malheureux.

SCÈNE IV.

BLANCHE, COLIN.

BLANCHE.

C'est vous, Colin ! vous venez de bonne heure.

COLIN.

Je serais arrivé déjà depuis long-temps,

ACTE I, SCÈNE IV.

Si les chemins de ma demeure
N'étaient embarrassés des chevaux et des gens
Du prince qui vient à la chasse.

BLANCHE, *vivement.*
Il y revient encore?

COLIN.
Il y vient chaque jour.
Chaque forêt pourtant devrait avoir son tour;
Mais c'est toujours la nôtre. On ne voit plus de place
Où le gazon puisse fleurir;
Ils ont tout abimé : le tumulte effroyable
Et des chiens et des cors qu'on entend retentir,
Force les troupeaux de s'enfuir;
C'est un tapage épouvantable.
Vraiment le prince est fort aimable,
Mais il fait bien du bruit quand il a du plaisir.

BLANCHE.
De quel côté la chasse viendra-t-elle?

COLIN.
Ne voulez-vous pas y courir?
Vous n'en manquez pas une; et vous savez, cruelle,
Combien vous me faites souffrir!
Vous oubliez...

BLANCHE.
Vous oubliez vous-même
Qu'hier encore à mes genoux
Vous m'avez fait serment de n'être plus jaloux.

COLIN.
Oh! je ne le suis plus; mais ma prudence extrême
Voudrait que vous fussiez toujours seule avec moi.

Si l'on vous voit, il faudra qu'on vous aime ;
  Et vous trahirez votre foi,
J'en suis sûr...

BLANCHE.

   Mais, Colin, vous mêlez un outrage
 A des discours qui séduiraient mon cœur.
  Je vous le dis avec douceur :
Cet esprit inquiet, soupçonneux et sauvage,
  Ne peut faire que mon malheur ;
Il faut y renoncer.

COLIN.

    J'entends trop ce langage.
Tout déplait dans celui que l'on cesse d'aimer ;
Mes défauts n'étaient rien quand je sus vous charmer.
Souvenez-vous combien vous étiez différente ;
Mes plaisirs, mes chagrins, vous vouliez tout savoir :
  J'étais sûr, en allant vous voir,
De trouver près de vous l'amitié consolante.
  Vous aimiez tant à pénétrer
  Dans ma plus secrète pensée !
Et si j'étais jaloux, loin d'en être blessée,
  Le plaisir de me rassurer
L'emportait sur la peur de vous voir offensée.
 Mais aujourd'hui vous voulez me trahir :
Vous cherchez un prétexte, et votre âme légère
  Ne veut exciter ma colère
 Que pour avoir le droit de m'en punir.
 Épargnez-vous une peine cruelle ;
  Lorsque l'on peut être infidèle,
  On doit le dire sans rougir.

ACTE I, SCÈNE IV.

BLANCHE.

Hé bien, Colin, pourquoi tant de faiblesse ?
Oubliez un objet trop peu digne de vous ;
En me délivrant d'un jaloux,
En cherchant une autre maîtresse,
Votre sort et le mien n'en seront qué plus doux.

COLIN.

Je suivrai vos conseils, et dès demain peut-être...

BLANCHE.

Dès aujourd'hui, vous en êtes le maître.

Duo.

COLIN.

Adieu, perfide, pour jamais.

BLANCHE.

Adieu, Colin ; bon voyage.

COLIN.

Adieu, perfide ; adieu, volage :
Oui, je vous quitte sans regrets.

BLANCHE.

Mais partez donc.

COLIN.

Oui, je m'en vais.

BLANCHE.

Mais partez donc.

COLIN.

C'est pour jamais ;
Recevez mes adieux, cruelle.

(*Il s'en va, et revient.*)

BLANCHE.

Que voulez-vous?

COLIN.

Ce n'est pas moi
Qui romps une chaîne si belle.

BLANCHE.

Votre jalousie éternelle
Me force de trahir ma foi.

COLIN.

Amour, Amour, ce n'est pas moi
Qui romps une chaîne si belle.

BLANCHE.

Mais partez donc.

COLIN.

Oui, je m'en vais,
Adieu, perfide; adieu, volage.

BLANCHE.

Adieu, Colin; bon voyage.

COLIN.

Oui, je vous quitte pour jamais.

(*Il sort.*)

SCÈNE V.

BLANCHE, *seule*.

Bientôt je vais le voir revenir sur ses pas
Chercher le pardon.... qu'il mérite.
Il s'éloigne pourtant. S'il ne revenait pas....
Je saurais l'en punir.... Il s'éloigne plus vite....
Il suffit. Pour me voir, le prince est dans ces lieux :

ACTE I, SCÈNE V.

Dès aujourd'hui j'écouterai ses vœux.
Tu gémiras, Colin, de m'avoir offensée.
Il pourra m'en coûter; je sens....

SCÈNE VI.

BLANCHE, VERMEILLE, LA FÉE, LUBIN,
derrière tout le monde.

VERMEILLE.

Voici la fée;
Sa bonté nous prévient, ma sœur.

LA FÉE.

Oui, mes filles, j'ai su que votre jeune cœur
Aurait à m'avouer quelque tendre faiblesse;
Je me suis mise en route; et, malgré ma vieillesse,
Le désir de vous voir m'a rendu ma vigueur.

VERMEILLE.

Asseyez-vous : voici le fauteuil de ma mère;
Nous croyons la revoir.

LA FÉE.

Elle m'était bien chère,
Et je pleure encor son trépas.

(*Elle s'assied.*)

Venez donc m'embrasser. Je vous trouve embellies;
Tant mieux, j'aime à vous voir jolies :
L'amitié fait jouir des biens que l'on n'a pas.
Ne songez qu'à m'aimer; moi, par ma vigilance,
Je saurai du malheur détourner les effets.
Nous aurons deux emplois : vous, la reconnaissance;
Et moi, le doux soin des bienfaits.

Air.

Le seul plaisir de mon âge,
C'est de rendre heureux mes enfans;
Leur bonheur me dédommage
De la perte de mes beaux ans.
Le temps à mon cœur n'ôte rien,
Je le sens à ma tendresse;
Je crois retrouver ma jeunesse
Lorsque je peux faire du bien.

VERMEILLE.

A cet unique emploi vous sert votre puissance;
Aimez-nous toujours bien, pour toujours rajeunir..

LA FÉE.

Mes filles, je n'ai pas cessé de vous chérir.
Lorsque j'élevai votre enfance,
Je vous donnai d'abord des vertus, de l'esprit,
Présent plus cher que l'opulence,
Mais qui ne suffit pas; car l'esprit sans prudence
Au-delà du vrai but trop souvent nous conduit.
Enfin voici l'instant d'assurer pour la vie
Et l'état et le sort que votre cœur envie;
Ne m'interrompez point, je viens vous en parler....
Je bavarde un peu trop, je le sens bien moi-même!
Mais je suis vieille, et je vous aime;
Et voilà deux raisons pour beaucoup babiller.

BLANCHE.

Comptez sur le respect....

VERMEILLE.

Comptez sur la tendresse
Qui grave toujours là votre moindre leçon.

LA FÉE.

(*Elle voit Lubin.*)

Nous sommes en famille.... Eh! quel est ce garçon ?
Dis-moi.

VERMEILLE.

Si vous savez tout ce qui m'intéresse
Vous devez sûrement vous douter qu'il sera
Bientôt de la famille.

LUBIN, *saluant la fée.*

Et qu'il vous aimera,
Si vous le permettez, madame.

LA FÉE.

J'y consens de toute mon âme.
Écoutez-moi : mon art n'est pas bien grand ;
Tu le vois, ma chère Vermeille,
Mon âge en est un sûr garant :
Car, vous n'en doutez pas, quand une femme est vieille,
Elle n'a pu faire autrement.
J'aurai le pouvoir cependant
D'accomplir le souhait le plus cher à votre âme.
Voyez quel désir vous enflamme :
Demandez, et soyez sûres de l'obtenir.
Allons, c'est à vous de choisir ;
Votre attente sera remplie :
Mais prenez garde à ce souhait ;
Les biens ou les maux de la vie
Viennent presque toujours du mauvais choix qu'on fait.

BLANCHE ET VERMEILLE.

LUBIN, *bas à Vermeille.*

Que vas-tu demander? mon cœur est dans la peine.

VERMEILLE.

Va, je ne suis pas incertaine.

Quatuor.

VERMEILLE.

Le bonheur que Vermeille envie,
C'est d'être épouse de Lubin,
D'avoir une maison jolie,
Un troupeau, des prés, un jardin.

VERMEILLE ET LUBIN.

Nous y passerons notre vie
A nous aimer, à vous bénir;
Voilà le bonheur que j'envie,
Voilà notre unique désir.

LA FÉE.

Ma fille, je suis attendrie;
De bon cœur j'exauce tes vœux:
Dès ce soir vous serez heureux.

VERMEILLE ET LUBIN.

Dès ce soir nous serons heureux,
Et nous le serons pour la vie :
Dès ce soir nous serons heureux!

LA FÉE.

Blanche, c'est à toi de m'instruire
De ce qu'il faut pour ton bonheur

BLANCHE.

Hélas! je n'ose pas vous dire
Le désir qu'a formé mon cœur.

ACTE I, SCÈNE VI.

LA FÉE.

Il faut pourtant bien m'en instruire.

BLANCHE.

Vous connaissez le souverain
Qui règne sur cette contrée.

LA FÉE.

Hé bien?

BLANCHE.

J'en suis adorée;
Je désire obtenir sa main.

LA FÉE.

Tu veux régner, pauvre insensée !

BLANCHE.

Remplissez le vœu de mon cœur.

LA FÉE.

Je lis trop bien dans ta pensée,
Et j'ai pitié de ton erreur.

BLANCHE.

Daignez m'accorder mon bonheur,
Si vous lisez dans ma pensée.

LA FÉE.

Prends ce jour pour bien réfléchir
Au vain objet de ton désir.
Si tu veux, ce soir, être reine,
Tu verras tes vœux accomplis.

BLANCHE.

Je conçois mon bonheur à peine,
Dès ce soir, je serai reine.

LA FÉE.

Si tu veux, tu seras reine.

VERMEILLE ET LUBIN.
Dès ce soir, nous serons unis !
LA FÉE.
Dès ce soir, vous serez unis.

(*Ils s'en vont.*)

FIN DU PREMIER ACTE.

ACTE SECOND.

Le théâtre représente une forêt. L'on a entendu pendant l'entr'acte le bruit de la chasse du prince.

SCÈNE I.

BLANCHE, *seule.*

Air.

Enfin je vais donc à la cour !
Des plaisirs la troupe charmante
Doit habiter ce beau séjour :
J'y serai l'objet chaque jour
De la fête la plus brillante.
Je vais régner ; et mon âme contente
N'aura pas besoin de l'amour.

Hé quoi ! j'abandonne l'asile
Où je passai mes premiers ans !
Je vais quitter ce bois tranquille
Où le plus soumis des amans
Grava sur l'écorce fragile
Mon nom et mes premiers sermens !
Hélas !... Mais je vais à la cour.

Des plaisirs la troupe charmante
Doit habiter ce beau séjour :

J'y serai l'objet chaque jour
De la fête la plus brillante.
Je vais régner ; et mon âme contente
N'aura pas besoin de l'amour.

Je n'ai point vu le prince, et la chasse est finie !
Il me cherche sans doute.

SCÈNE II.
BLANCHE, LA FÉE.

LA FÉE.

Hé bien, ma chère amie,
As-tu fait tes adieux ? Partons-nous pour la cour ?

BLANCHE.

Quand vous voudrez. Mais, avant tout, ma mère,
Je crois qu'il serait nécessaire
De connaître un peu ce séjour.

LA FÉE.

Il est difficile peut-être
De le bien définir ; il change à tout moment.
Presque toujours c'est un pays charmant ;
Tout le monde est heureux, ou cherche à le paraître.
On se déteste un peu, mais c'est si poliment !
On s'embrasse sans se connaître,
On se détruit l'un l'autre doucement.
Parens, belles, amis, tous n'ont qu'un sentiment,
C'est de se supplanter en secret près du maître.

BLANCHE.

Mais quand le prince enfin m'aura donné sa foi

ACTE II, SCÈNE II.

Par le plus brillant hyménée,
Quelle sera ma destinée ?
Vous le savez.

LA FÉE.

Sans doute ; écoute-moi.

Air.

UNE jeune et belle princesse
Ne fait rien qu'avec dignité.
Le respect l'entoure sans cesse
Pour tenir bien loin la gaîté.
L'étiquette doit la conduire ;
Car sans elle point de grandeur :
Si la princesse veut sourire,
Il faut l'avis de la dame d'honneur.

BLANCHE.

Mais cependant....

LA FÉE.

Viens-en juger toi-même.
Partons.

BLANCHE.

Quand je serai dans cette gêne extrême,
Si par hasard j'allais me repentir
D'avoir quitté....

LA FÉE.

Qui donc ?

BLANCHE.

Ma sœur et mon village...

LA FÉE.

Hé bien ?

BLANCHE.

Pourrai-je revenir?

LA FÉE.

Non, la grandeur est un noble esclavage
Dont on ne peut jamais sortir.
Mais partons, il est temps... Qu'as-tu donc?

BLANCHE.

Je regrette
Un amant qui voulait s'attacher à mon sort;
Mon départ va causer sa mort.

LA FÉE.

Qui? Colin?

BLANCHE.

Oui, c'est lui.

LA FÉE.

N'en sois pas inquiète.
Il est tout consolé.

BLANCHE.

Qui vous l'a dit?

LA FÉE.

Colin.
Quand il a su que ce matin
Tu m'avais demandé de devenir princesse,
Il est venu me supplier soudain
D'éteindre par mon art sa trop vive tendresse.

BLANCHE.

Et vous l'avez....

LA FÉE.

Guéri.

ACTE II, SCÈNE II.

BLANCHE.

     Ce n'était pas pressé.

LA FÉE.

Cela l'était beaucoup : car tu conviens toi-même
Qu'il aurait pu mourir de sa douleur extrême.
 Heureusement, le péril est passé ;
Il va se marier à la jeune Lucette,
Qui depuis si long-temps a pour lui de l'amour.

BLANCHE.

Il va se marier ?

LA FÉE.

    Oui, dans ce même jour.
Sitôt que je t'aurai conduite à cette cour,
 Je reviendrai pour être de la fête.

BLANCHE.

Je ne l'aurais pas cru. Quoi ! dans si peu d'instans
Colin s'est consolé !

LA FÉE.

    Pour l'oublier toi-même,
 Il t'a fallu bien moins de temps.
  D'ailleurs c'est un effort suprême
De mon art qui peut seul détruire tant d'amour.
Sans moi, Colin t'aimait jusqu'à son dernier jour.
Mais, grâces à mes soins, il épouse Lucette.
Te voilà bien tranquille, et surtout satisfaite.
Partons, car il est tard.

BLANCHE.

    Je ne veux plus partir.
Vous seule avez causé mon infortune affreuse ;

C'est par vos seuls bienfaits que je suis malheureuse :
Laissez-moi, laissez-moi mourir.

LA FÉE.

Je n'ai jamais contrarié personne :
Tu me chasses, je pars : tu me rappelleras ;
Je reviendrai, car je suis bonne ;
Avant la fin du jour toi-même en conviendras.

(Elle sort.)

SCÈNE III.

BLANCHE, *seule.*

COLIN ne m'aime plus.... Je sens que je l'adore :
Mon malheur est au comble ; et je l'ai mérité.
Dois-je quitter ces lieux ? dois-je chercher encore
A regagner un cœur tant de fois rejeté ?
Faut-il m'exposer à l'outrage...?

(On entend dans le lointain une musique champêtre.)

Mais quels accens.... Je vois venir
La noce de ma sœur avec tout le village ;
Cachons-nous, à leurs yeux j'aurais trop à rougir.

(Elle se cache parmi les arbres.)

SCÈNE IV.

LA FÉE, VERMEILLE, LUBIN, BERGERS ET BERGÈRES.

(*Ils entrent en chantant.*)

LES BERGERS.

Célébrons le doux mariage
Qui va rendre heureux leur destin.
   Vermeille épouse Lubin;
Ah! qu'ils vont faire bon ménage!
   Vermeille épouse Lubin;
L'amour leur promet un bonheur sans fin.

LA FÉE.

Mes enfans, j'ai rempli vos vœux;
De l'hymen la chaine vous lie :
Aimez-vous, aimez votre amie,
Nous serons tous les trois heureux.

LES BERGERS ET LES BERGÈRES.

Célébrons le doux mariage
Qui va rendre heureux tout le destin.
   Vermeille épouse Lubin;
Ah! qu'ils vont faire bon ménage!

VERMEILLE ET LUBIN, *à la fée.*

Nous pensions, dans un si beau jour,
Qu'amour seul se ferait entendre;
Mais votre amitié vive et tendre
A notre cœur parle autant que l'amour,

LES BERGERS ET LES BERGÈRES.
Célébrons le doux mariage
Qui va rendre heureux leur destin;
Vermeille épouse Lubin;
Ah! qu'ils vont faire bon ménage!
Vermeille épouse Lubin;
L'amour leur promet un bonheur sans fin.

LA FÉE.
Ma promesse n'est pas remplie,
Mes chers enfans : je viens de vous unir,
Mais je vous dois encore une ferme jolie.
Et la voici.
(*Elle frappe de sa baguette, et l'on voit paraître une colline sur laquelle est une ferme de l'aspect le plus riant.*)
Vous pouvez en jouir.
Tout ce qu'il faut aux besoins de la vie
S'y trouve rassemblé. Le jardin est ici :
Voyez plus loin dans la prairie
Ce troupeau de moutons, il est à vous aussi.
Voilà des champs semés près de votre retraite.
Votre félicité commence dès ce jour :
Ce n'est pas moi qui dois l'achever, c'est l'amour,
Et je n'en suis pas inquiète.
(*Elle veut s'en aller.*)

VERMEILLE.
Vous nous quittez?

LA FÉE, *à voix basse*.
Je vais chercher Colin.
Colin pleure toujours sa volage maitresse;

Vous prendrez soin de son destin;
N'est-il pas vrai, son sort vous intéresse :
Il restera chez vous, vous serez son appui;
Et vous aurez soin devant lui
De ne pas parler de tendresse.

(Elfa sort.)

SCÈNE V.

LUBIN, VERMEILLE, LES BERGERS.

LUBIN.

Mais comment faire? il nous verra.

VERMEILLE.

Ah! nous ferons tout ce qu'elle voudra.
Mais, mon ami, quelle richesse extrême!
Regarde : des brebis, une ferme, des champs!
Et tout le village nous aime!

LUBIN.

Tout cela c'est ta dot.

VERMEILLE.

Écoutez, mes enfans :
La bonne fée a dit que la ferme est garnie
De tout ce qu'il nous faut pour bien passer la vie.
Pour que tous nos vœux soient remplis,
Venez jouir de ses largesses :
On ne peut aimer les richesses
Que pour les partager avec ses bons amis.

LUBIN.

Elle a toujours raison, suivons tous ses avis.

(<i>Ils montent tous la colline en chantant.</i>)

Chœur.

VERMEILLE ET LUBIN.

Venez, venez avec nous,
L'amitié vous appelle.

LES BERGERS.

Suivons, suivons deux époux
Qui seront notre modèle.

VERMEILLE ET LUBIN.

L'amitié vous appelle,
Venez, venez avec nous.

LES BERGERS.

Le plaisir nous appelle,
Suivons un guide si doux.

VERMEILLE ET LUBIN.

Souvenez-vous que chaque année
Ce même jour nous verra réunis.

LES BERGERS.

Oui, Vermeille; et cette journée
Sera la fête du pays.

VERMEILLE ET LUBIN.

Venez, venez avec nous,
L'amitié vous appelle.

LES BERGERS.

Suivons, suivons deux époux
Qui seront notre modèle.

(*Ils entrent dans la ferme. Blanche, cachée dans le bosquet, a vu monter la montagne à toute la noce de sa sœur. Elle revient sur le théâtre; la fée paraît dans le fond, tenant Colin par la main : ils examinent et écoutent Blanche sans être aperçus d'elle.*)

SCÈNE VI.

BLANCHE, LA FÉE, COLIN.

BLANCHE, *qui se croit seule.*

Je ne peux habiter plus long-temps cet asile ;
Tout y semble aigrir ma douleur :
Leurs plaisirs vrais et leur bonheur tranquille
Sont un reproche pour mon cœur.
Fuyons.... Hé quoi ! l'heureux sort de ma sœur
Rend-il ma peine plus affreuse ?
Hélas ! quand on est malheureuse,
Tout parle de notre malheur.
Que devenir ? Quel chemin dois-je suivre ?
Ah ! si la fée....

LA FÉE, *se montrant ; Colin reste derrière.*

Hé bien, me voilà ; que veux-tu ?

BLANCHE.

Secourez-moi, j'ai tout perdu :
Colin ne m'aime plus, je n'y pourrai survivre.

LA FÉE.

C'est toi qui l'as quitté.

BLANCHE.

Je le sais trop, hélas !
Et je l'aimais pourtant plus que ma vie.
Prenez pitié de Blanche, elle est assez punie ;
Et souffrez que du moins je m'attache à vos pas :
J'aurai soin de votre vieillesse,
Je n'aimerai que vous ; mon respect, ma tendresse,
Seront mes seuls plaisirs jusques à mon trépas.

LA FÉE.

Quand on a du chagrin, comme on a le cœur tendre !
Allons, viens, donne-moi le bras.

(*Elles se mettent en marche.*)

COLIN.

Arrêtez, arrêtez.

BLANCHE.

Ciel ! que viens-je d'entendre ?
(*Elle se jette dans les bras de la fée.*)

LA FÉE.

Hé bien, Blanche, qui te retient ?
C'est ici le chemin qui mène à ma demeure....
Quoi ! tu m'aidais à marcher tout à l'heure,
Et c'est mon bras qui te soutient !

COLIN.

Vous qui méprisâtes mes larmes,
Et vos sermens et mon amour,
Est-il bien vrai que dans ce jour
Vous vouliez finir mes alarmes ?
Un mot, un seul mot me suffit :
Je veux tout oublier, tout, excepté vos charmes.
Ce mot, vous l'avez déjà dit,
Répétez-le du moins.

BLANCHE.

Le malheur qui m'accable
Fut mérité par moi, je saurai le souffrir.
Laissez-moi, laissez-moi vous fuir.

COLIN.

Si c'est vous qui fûtes coupable,
Pourquoi voulez-vous me punir ?

ACTE II, SCÈNE VI.

LA FÉE.

Écoute-moi, ma chère amie ;
Tu n'as point fait ce vœu que je dois accomplir ;
Demande ce qui peut rendre heureuse ta vie ;
    Je te donne encore à choisir.

BLANCHE.

Je m'en garderai bien ; j'aime mieux ma souffrance
    Que de voir Colin me chérir
    Par l'effet de votre puissance.

COLIN, *à genoux*.

    Colin n'aima jamais que toi,
Même pendant le temps où mon âme inquiète....

BLANCHE.

Vous n'épousez donc pas Lucette?

COLIN, *surpris*.

Lucette, ô ciel !

LA FÉE.

    Colin, pardonne-moi.
    J'imaginai cette imposture
Pour la punir de son manque de foi.

BLANCHE, *à Colin*.

Mon cœur m'en punissait.

LA FÉE.

          Te voilà donc bien sûre
    Que l'on fait toujours son malheur
En se laissant guider par la coquetterie.
Toi, tu vois qu'en amour l'extrême jalousie,
Même lorsque l'on plaît, peut éloigner un cœur.

Finale.

LA FÉE.

Mes chers enfans, je vais combler vos vœux,
Je vais finir toutes vos peines ;
Je vous unis, soyez heureux.

BLANCHE ET COLIN.

Pour jamais nous sommes heureux.

TOUS TROIS.

De l'hymen les douces chaines
Feront le bonheur de tous deux.

BLANCHE.

Suis-je toujours, comme autrefois,
De ton cœur la seule maitresse ?

COLIN.

Colin t'a gardé sa tendresse ;
Il ne la donne pas deux fois.

BLANCHE ET COLIN.

Soyons époux, soyons heureux,
Ce jour va finir nos peines ;
De l'hymen les douces chaines
Rendent le bonheur à tous deux.

(*Pendant ce temps la fée monte à la ferme; elle frappe à la porte et appelle tout le monde.*)

SCÈNE VII.

BLANCHE, COLIN, VERMEILLE, LUBIN, LA FÉE, TOUS LES BERGERS.

LA FÉE.

Venez, venez recevoir votre sœur.

VERMEILLE.

Oúi, c'est ma sœur.
Ah! quel bonheur!

TOUS.

Courons, courons recevoir votre sœur.
(*Ils descendent la colline en courant.*)

VERMEILLE.

Embrasse-moi, ma bonne amie.

BLANCHE.

Suis-je de vous toujours chérie?

VERMEILLE ET LUBIN.

Nous t'aimerons toute la vie.
Chantez, chantez le retour de ma sœur.

TOUS.

Chantons, chantons le retour de sa sœur.

LA FÉE, *à Blanche.*

Que ton cœur jamais n'oublie
Que ce n'est pas la grandeur
Qui rend heureuse la vie.

BLANCHE.

Non, non j'abjure mon erreur.

TOUS.

Non, non, ce n'est pas la grandeur
Qui rend heureuse la vie;
C'est l'amour qui fait le bonheur.

(*On danse.*)

FIN DU TOME SECOND.

TABLE

DES

PIÈCES CONTENUES DANS CE VOLUME.

Avant-propos........................ Pag. 1.
La Bonne Mère, comédie............. 3
Le Bon Fils, comédie................ 61
A M. Gessner....................... 143
Myrtil et Chloé, idylle de M. Gessner... 145
Myrtil et Chloé, pastorale............ 151
Héro et Léandre, monologue lyrique.... 173
Le Baiser, féerie.................... 183
Blanche et Vermeille, pastorale....... 211

FIN DE LA TABLE.